# 현장 밀착, 피그마로 협업하기

**개발자, 디자이너, PM을 위한 프로젝트 합작 노하우**

# 현장 밀착,
# 피그마로 협업하기

안녕하세요. 『한 걸음씩 따라 하는 NFT 아트』 출간 이후 오랜만에 인사드립니다. 부캐 '루미블루'를 통해 다양한 분야의 크리에이터들과 만나 여러 가지 신나는 일을 겪고 돌아왔습니다.

저의 본캐는 런던에서 일하는 서비스 디자이너입니다. 물리적으로도 세계 곳곳에 오피스가 있는 회사 소속이지만, 대부분의 동료가 원격으로 접속해 온라인에서 함께 일합니다. 서비스 디자인은 협업이 정말 중요한데, 온라인에서 어떻게 호흡을 맞춰가야 할지 고민하다가 협업 툴로써의 피그마(Figma)를 만났습니다.

피그마를 활용하기 시작한 후 팀과 함께 문제를 술술 해결해내는 마법 같은 순간들을 경험했습니다. 협업 툴이 디자이너와 다른 직군 사이의 소통을 원활하게 돕는다는 걸 알고 보니, 더 많은 사람과 사용 팁을 공유하면 좋겠다는 생각이 들었습니다.

이 책으로 새로운 이야기를 시작해보려 합니다. 전 세계 모든 직장인을 응원하며, 피그마를 소개합니다.

\* 이번 이야기는 여러 사람의 경험이 담긴 허구의 이야기입니다. 직장인이라면 한 번씩 겪었을, 실무와 경험을 버무린 드라마를 지금부터 시작해보겠습니다.

## 지은이 소개

글·그림 **루미블루**

글과 그림을 통해 생각하는 바를 표현하는 크리에이터. 한국에서 디자인과 마케팅을 전공했고 영국에서 서비스 디자이너로 일하고 있습니다.

🍴 브런치      brunch.co.kr/@rumierumie
📷 인스타그램      instagram.com/rumie.blue

# 목차

**챕터 1**
**만나서**
**반갑습니다**

## 🔟 두근두근 입사 첫날

## 🔢 4주 후의 운명을 결정한다, 미션 받기

## 🔟 하이브리드 근무 환경 준비하기

## 🔟 온보딩 첫 주 일정을 받다

## 🔟 프로젝트, 도서관보다 더 볼 게 많다

## 목차

# 등장인물

**이루나** Luna Lee in Seoul
- 중고 신입, 서비스 디자이너
- 덜렁대는 성격 때문에 할 일을 적어두려고 노력하는 편
- 글로벌 스타트업 '오토마타'에서 수습 기간 미션에 성공하는 게 목표다.

**유진** Eugene in London
- '오토마타'의 온보딩 멘토
- 차분하고 이성적이지만 냉정한 인상을 주기도 한다.
- 마음을 읽기 힘든 포커페이스

**단단** Dandan in Stockholm
- 시니어 프로덕트 디자이너
- 강렬한 펑크 룩을 즐기지만 의외로 수줍음이 많은 성격
- 검은 고양이 지지와 함께 미팅에 참석하곤 한다.

**로렐라이** Lorelei in Singapore
- 시니어 소프트웨어 엔지니어
- 성격이 급하고 생각나는 것은 바로 말해야 직성이 풀린다.
- 눈부신 외모와 상반되는 털털한 행동으로 사람들을 놀라게 하기도 한다.

- 시니어 프로덕트 매니저
- 온화하고 자상지만, 의견이 명확하지 않아 상대방이 답답해할 때도 있다.
- 요가에 빠져 미팅 중에도 요가복을 착용하고 매트 위에서 종종 스트레칭한다.

## 글로벌 스타트업 오토마타 in London

- 인공지능과 버추얼 휴먼을 다루는 테크 스타트업
- 2021년에 기업 투자를 받아 빠르게 성장 중
- 본사는 런던에 있지만 전 세계의 재능 있는 인재를 채용한다.
- 모든 직원은 영어로 소통한다.
- 테크 스타트업만의 유연하고 자유로운 문화가 특징이다.
- 팀원 모두 각기 다른 나라에서 일하기 때문에 원격 근무와 협업 정신이 요구된다.

## 스쿼드 케르베로스 in Metaverse

- 회사 설립 이래 계속 함께 일한 스쿼드
- 극비리에 프로덕트를 개발하고 있다. 보안이 너무 철저한 나머지 신입 사원 이루나에게도 개발 중인 프로덕트에 대해 공개하지 않는다. 나중에 이루나가 수습 미션을 클리어하면 비로소 프로덕트와 프로젝트에 접근할 권한을 부여할 계획이다.
- 프로덕트 완성도가 떨어져 런칭 일정을 맞추지 못할까봐 걱정되는 상황

# 프롤로그

## 입사 전날 밤

**루나** '스타트업은 처음인데⋯ 괜찮을까?'

루나는 요즘 취업 시장에서 종종 보이는 중고 신입이다. 대학교를 졸업하자마자 중소기업에 입사해서 직장생활을 조금 하다가, 더 하고 싶은 공부가 있어서 저축한 돈을 탈탈 털어 영국으로 유학을 갔다. 영국에서 서비스 디자인 전공으로 대학원 과정에 입학하고 몇 달 후 코로나바이러스감염증이 유행해 모든 수업을 비대면으로 들었다. 졸업 전시회까지 코로나 제재로 온라인으로 진행했다. 코로나 시국은 유학생에게 너무 혹독했다. 결국 루나는 영국에서 취업 활동다운 활동 한 번 제대로 하지 못하고, 한국으로 돌아왔다.

석사 과정 전공을 살려서 서비스 디자이너가 되고 싶은데 아직 한국에는 마땅한 자리가 없었다. 구인구직 플랫폼을 하루에도 몇 번씩 들어가봤지만, 지원하는 곳마다 소식이 없었다. 매일 스크롤을 하염없이 내려도 답이 안 나오자 루나는 링크드인(LinkedIn)에 로그인했다. 링크드인은 영국 유학 시절에 인턴 자리를 알아보려고 사용하던 글로벌 구인구직 플랫폼이다.

지푸라기라도 잡는 심정으로 검색어를 입력했다.

'서비스 디자이너, Metaverse, 원격 근무 가능'

그리고 한 달 후, 루나는 런던에 본사를 둔 글로벌 스타트업으로부터 입사 오퍼 레터*를 받았다. 오랜 시간 마음고생이 심했던 루나는 그제야 한시름 놓을 수 있었다.

*오퍼 레터(offer letter): 입사 지원자가 모든 채용 과정에 합격했을 때 회사가 지원자에게 공식적으로 보내는 연봉, 근무 조건, 입사 일정 등을 담은 서류를 말한다.

## 서비스 디자인에 대해 아는 사람이 있을까?

사실, 한 번에 루나의 직업을 알아듣는 사람은 그리 많지 않다. 서비스 디자이너들끼리 '서비스 디자인을 잘 정의하는 사람'이야말로 진정한 서비스 디자이너라고 자기들만의 농담을 할 만큼, 이 분야는 아직 느낌표보다 물음표가 많은 분야다.

여러 서비스 디자이너가 그렇듯, 루나도 '서비스 디자인'에 대해 자신만의 정의가 있다. 서비스 디자인은 사람, 기술 그리고 사업을 연결하여 '서비스'를 만드는 일이다. 세부 업무는 무엇인지, 어떤 결과물을 내야 하는지 타 디자인 영역만큼 확실하게 구분되지는 않지만, 팀에서 도움이 필요한 부분이 있으면 적극적으로 나서서 문제를 함께 풀어나가야 하는 역할이다.

링크드인에 게시되어 있던 구인 게시글에는 서비스 디자이너에게 원하는 스펙과 스킬이 자세하게 적혀있었다. 꼼꼼하게 작성된 구인 글에서 특히 루나의 기억에 남는 문장들이 있었다.

• 하이브리드 업무 환경에서 유연하고 효율적으로 시간 관리하는 사람

• 서비스의 경험을 처음부터 끝까지 엔드투엔드(end-to-end) 디자인하는 사람

• 개발자, 디자이너, PM(Product Manager), 마케터, 리서처 등 다양한 이해관계자와 활발하게 소통 및 협업할 수 있는 사람

• 소통과 협업을 위한 시각 자료를 제작할 수 있는 사람

• 서로의 문화와 다양성을 존중하는 자세를 갖춘 사람

때로는 고객 경험 디자이너처럼, 때로는 시스템 디자이너처럼, IA, 전략, UX, CX, 사용자 리서치 등 다양한 일을 해야 하는 서비스 디자이너의 역할을 생각하며 루나는 포켓몬스터의 메타몽처럼 변신하는 상상을 한다.

## 피그마, 써본 적 없는데요?

루나는 세 차례에 걸쳐 디자이너, 개발자 그리고 PM과 면접을 봤는데 면접 과정의 처음부터 끝까지 구인 매니저(hiring manager) 유진이 함께 참석했다. 입사 계약서가 성공적으로 승인되었다는 것을 안내하는 메일도 유진이 보냈다. 유진은 축하한다는 메시지 끝에 루나에게 미션을 하나 주었다.

> 🧑 Hi, 루나. 피그마(Figma)에 대해 알고 있나요? 만약 아직 사용해본 적 없다면 미리 테이스팅
> 유진 (tasting)하는 걸 추천해요!

루나도 피그마에 대해 들어본 적은 있다. 하지만 피그마로 디자인 작업을 한다는 정도만 들었을 뿐, 기존에 사용하던 어도비(Adobe) 제품과 오피스(Office) 제품을 주로 활용해왔다. 유학 생활을 하면서 영어도 어렵고, 새로운 학문을 익힌다는 것만으로도 벅차서 새로운 툴을 배울 만한 여유가 없었다.

생각해보면 팀 프로젝트에 활용해보았던 툴 중 완벽하게 만족스러운 것이 없긴 했다. '고객 여정 맵(customer journey map)'이나 '에코시스템 맵(eco-system map)'처럼 텍스트가 많은 시각 자료를 구글 슬라이드(Google Slides)나 마이크로소프트 파워포인트(Microsoft PowerPoint)에 한 번에 담기엔 너무 버거웠다. 슬라이드 사이즈에 제한되지 않는 무한 캔버스(infinite canvas)가 있으면 좋겠다고 팀원들과 이야기했던 기억이 있다.

디자인 작업을 할 때는 한 사람이 작업 중인 파일을 다른 사람과 공유하며 함께 수정하는 것이 어려웠다. 하나의 파일을 여러 사람이 따로 작업하다 보면 버전 번호를 제대로 지정하지 않아서 커뮤니케이션이 꼬이는 일이 종종 생겼다. 팀 프로젝트 마감 시간은 가까워지는데 커뮤니케이션 문제가 생기면 해결해야 할 것들이 한층 더 어렵게 느껴졌다. 다들 그렇게 불편한 점을 감수하면서 작업하겠거니, 짐작했는데 새롭게 출근할 회사에서 피그마를 협업에 활용하고 있다니!

친구들과 만나서 몇 차례 입사 축하 자리를 갖고 나니 어느새 첫 출근까지 딱 하루 남았다. 설렘과 긴장이 뒤섞인 채 루나는 잠에 빠졌다.

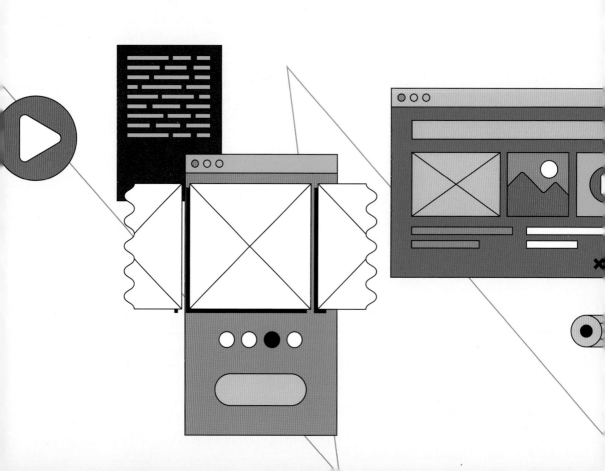

# 🔍 만나서 반갑습니다

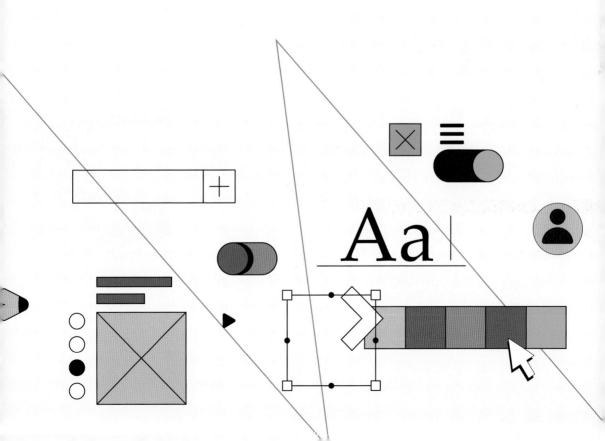

# 1 | 두근두근 입사 첫날

## 오전 10시, 첫 출근

회사의 모든 직원이 세계 곳곳에서 원격 근무를 하고 있기 때문에 따로 오피스로 출근할 필요가 없었다. 루나는 회사에서 보내준 업무용 랩톱이 집으로 배송되길 기다리는 중이다. 시차 때문에 각자 출근 시간도 다르다. 루나는 영국에 있는 팀원들과 커뮤니케이션 시간을 충분히 가지고 싶어서, 시차를 고려해 오전 10시에 출근하고 오후 6시에 퇴근하기로 했다.

아침에 느긋하게 배송을 기다리다 보니, 문득 지옥철을 타고 출퇴근하던 예전 직장 생활의 기억이 떠올랐다. 코로나 시국 이후에 하이브리드 근무 형태가 늘어나고 있다지만, 아직도 많은 회사가 오피스로 출근하는 것을 바란다고 들었는데 루나는 원격 근무가 가져다준 아침의 여유에 놀라면서도 만족했다.

딩-동!

"고객님, 택배 도착했습니다!"

초인종 소리가 들리자마자 루나는 현관으로 뛰어갔다.

## 오전 11시, 원격 근무 시작

루나는 깔끔하게 포장된 박스를 열었다. 반짝거리는 새 맥북 프로, 화상 미팅을 위한 헤드폰과 마이크, 예쁜 후드 티와 텀블러. 부담스럽게 회사 로고가 대문짝만하게 붙은 굿즈는 하나도 없었다. 힙한 입사 선물 꾸러미 위에 놓인 편지 봉투를 열었다.

> '루나, 우리 회사에 온 것을 환영해요.
> 출근 첫날, 우리가 준비한 맛있는 점심을 즐기길 바라요. 오후 4시에 만나요!'
> – 유진

멋지게 손 글씨로 쓴 카드와 함께 카페 기프트 카드가 들어 있었다. 마침 진한 커피를 마시고 싶었던 루나는 점심에 카페에서 첫 출근을 축하하기로 했다. 유진의 카드를 책상에 둔 채, 얼른 카페로 나갈 준비를 했다.

## 🔘 오후 12시, 런치 타임

카페에 도착해서 음료와 베이글을 샀다. 그리고 자리에 앉자마자 반짝거리는 새 맥북을 꺼냈다. 회사 IT팀이 개인 이메일로 보내준 임시 비밀번호를 입력하자, 깔끔한 바탕 화면이 보였다. 아무것도 설치되지 않은 깨끗한 맥북. 이제부터 루나가 회사에서 하는 작업으로 채워갈 공간이다. 루나는 웹 브라우저를 열어 회사 메일에 로그인했다.

👧 "오, 벌써 메일이 와 있네?"

회사 메일에 로그인하자마자 새로운 메시지가 도착했다는 알림이 뜬다. 회사 전체 메일로 루나를 환영하는 입사 축하 메시지를 받았다. 몇몇 팀원이 벌써 메일 스레드(thread)로 환영 인사를 보냈다. 환영 인사를 해준 사람들에게 개별로 회신하는 게 좋을지, 전체 메일로 회신하는 게 좋을지 고민하는데 또 다른 메일이 도착했다.

이번에는 '유진'의 미팅 초대장이다. 한국 시각 기준, 오후 4시에 구글 미트(Google Meet) 주소로 접속하기로 했다.

베이글을 크게 한 입 베어 물면서, 루나는 면접을 볼 때 만났던 '유진'의 모습을 떠올렸다. 차분한 인상, 단정한 하얀 셔츠에 초록색 스웨터를 레이어드한 모습이 단정해 보였다. 루나는 '유진'의 표정 변화가 거의 없어서 면접 내내 자기가 잘 대답하는 건지 눈치를 살피느라 고생했다.

유진과 미팅하는 이미지 트레이닝을 하다가 점심시간이 끝났다. 루나는 다시 집으로 돌아가려고 준비했다. 맥북을 가방에 넣으려는 순간, 세 번째 메일이 도착했다.

---

**세 번째 메일**

제목: Onboarding mentor usability test agreement(온보딩 멘토 사용성 테스트 동의서)

내용:
입사 당일로부터 4주간 '이루나' 직원과 온보딩 과정을 도와주는 멘토와 소통하게 됩니다.

당사는 온보딩 멘토 사용성을 테스트할 목적으로 멘티 '이루나'와 멘토 '유진'의 소통 기록을 수집합니다. 기록 수집 시 모든 개인 정보는 암호화되며, 사용성 테스트에 참여한 대상자의 이름은 익명 처리됩니다. 자신의 소통 기록을 사용성 테스트에 사용하는 것에 동의하는지, 오늘 퇴근 전까지 해당 메일에 회신해주십시오.

*주의 사항: 멘토와 멘티의 소통 내용 중 일부 삭제를 요청하면 해당 내용은 테스트에 사용하지 않습니다.

---

사용성 테스트(usability test)는 흔히 개발한 앱이나 디자인 기능이 제대로 작동하는지 확인하고자 '사용성'을 테스트하는 것이다. 그런데 '멘토'라면 분명 사람일 텐데 사람의 사용성을 테스트한다는 게 도대체 무슨 뜻인지 이해할 수 없었다. 오늘 안에 회신을 달라고 했기에 잠시 후 유진에게 물어보기로 하고 집으로 향했다.

## 🔘 오후 3시, 잊고 있었다 피그마!

루나는 집에 돌아와 책상 위에 놔두고 갔던 유진의 카드를 봤다. 무심코 카드 뒷면을 펼쳤는데, 작은 메모가 보인다.

'ps. 피그마 사용은 해보았나요?'

루나 입에서 앗! 하고 놀라는 소리가 튀어나왔다. 첫 출근의 분위기에 취해서 미리 피그마 웹사이트에 접속해두는 것을 잊어버렸기 때문이다. 유진이 오퍼 메일에서 꼭 피그마를 미리 사용해보라고 했기에 계정을 만들어두려고 했었다. 미팅 시간이 얼마 남지 않아서, 루나는 허둥지둥 피그마 웹사이트에 접속했다.

### 피그마 개인 계정 만들기

1 피그마 웹사이트에 접속한다.

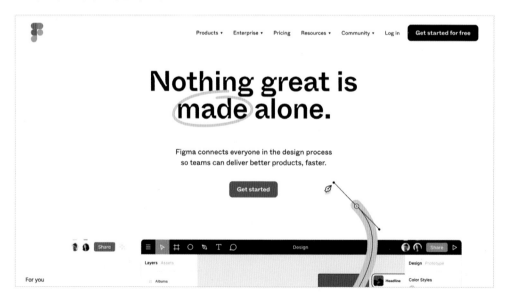

2 계정을 만든다.

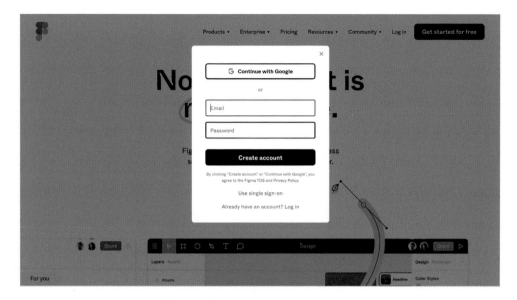

❶ 개인 이메일, 비밀번호 입력

❷ 회사에서 이미 싱글 사인온(Single Sign-On, SSO)을 사용 중이면, 회사 이메일 계정으로 로그인 가능

❸ 구글 계정을 사용하고 싶다면 지메일(Gmail) 주소 사용

3 개인 정보를 입력한다. 피그마와 관련된 소식을 메일로 받아보고 싶으면 체크 박스를 클릭한다.

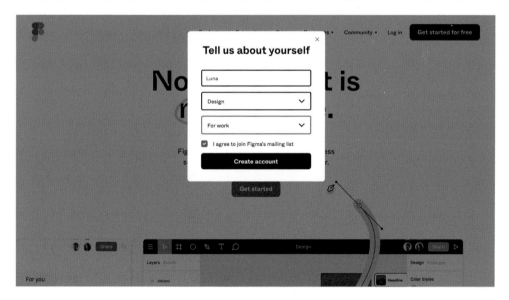

④ 입력한 이메일에 접속하여 피그마가 보낸 메일을 확인한다. <Verify> 버튼을 클릭하면 다시 피그마 사이트로 돌아간다.

⑤ 개인 작업 공간에 접속한다.

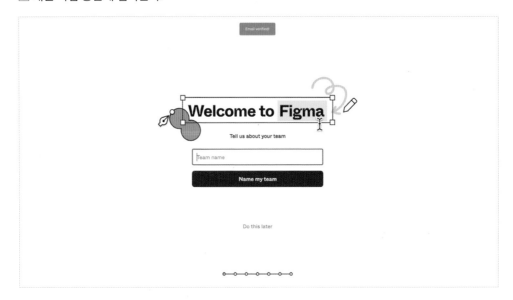

6 팀 공간을 만들고 이름을 정한다.

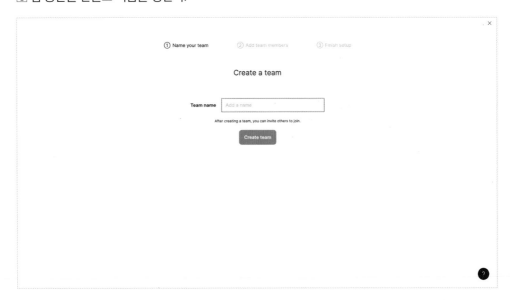

7 팀원으로 초대할 사람이 있으면 이메일 주소를 입력한다. 직접 링크를 복사해서 전달할 수도 있다.

⑧ 피그마는 무료 서비스와 유료 서비스에서 제공받을 수 있는 혜택이 다르다. 플랜을 비교해보고 자신에게 맞는 플랜을 구독한다.

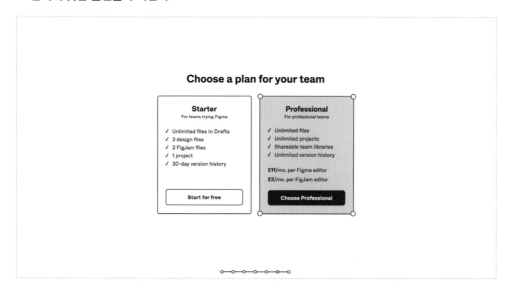

⑨ 첫 번째 작업 파일을 만든다. 디자인 파일과 화이트보드 파일 중 선택할 수 있다. 이때, 피그마에서 제공하는 화이트보드를 피그잼(FigJam) 파일이라고 부른다.

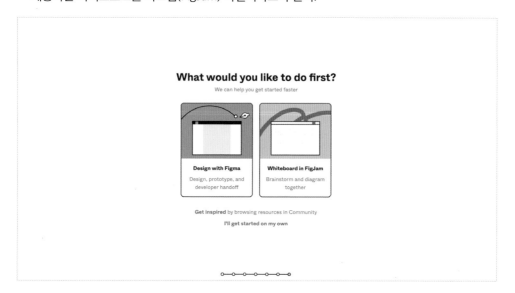

루나는 정신없이 피그마 계정을 만든 후 유진과 첫 미팅이 15분밖에 남지 않았다는 것을 깨달았다. 피그마에 대해서 더 검색해보려다 시간이 별로 남지 않아서 일단 피그마 웹사이트를 껐다.

루나는 회사에서 모두 영어로 소통하여 미팅 내용을 제때 기록하려고 노트와 펜을 책상에 두었다. 미팅에 집중하도록 커피도 한 잔 더 마시기로 했다. 급히 내린 드립 커피를 한 모금 마시며 다시 맥북을 켜니 구글 미트에 알림이 떴다. 루나는 살짝 긴장한 얼굴로 미팅에 참여하기 버튼을 클릭했다.

'삐빅-'

## 오후 4시, 온보딩 멘토를 만나다

🧑 "Hey, 루나! 다시 만나서 반가워요."

🧑 "유진, 잘 지냈어요? 환영 인사 잘 봤어요. 고맙습니다!"

🧑 "아하, 벌써 메일 봤군요! 이메일 세팅이 성공적으로 됐나 봐요. Perfect! 시작이 좋군요. 업무와 관련된 것들은 팀원들을 만나면 차차 알게 될 거예요. 오늘부터 4주간, 저는 루나의 온보딩 멘토(onboarding mentor)가 될 거예요."

🧑 "온보딩 멘토요?"

🧑 "쉽게 말해, 루나가 성공적으로 우리 회사에 잘 적응하도록 지식이나 기술을 교육하는 과정을 옆에서 도와주는 역할을 하는 거예요. 오퍼 레터 받았을 때 우리 회사의 수습 기간에 대해 설명해주었는데, 기억나나요?"

🧑 "네, 기억해요! 회사의 기밀 보안 유지 목적으로, 신입 사원은 수습 기간에 회사에서 개발하는 제품과 서비스에 접근할 수 없다고 했죠?"

🧑 "잘 기억하네요, good job! 우리 프로덕트 팀이 지금 개발 중인 서비스는 보안이 무척 중요해요. 그래서 새로운 팀원이 들어오면, 첫 4주간은 실무에 적응하도록 준비하는 미션을 수행하게 돼요. 수습 기간이 끝나면 진행 중인 프로젝트에 대해 정식으로 핸드오버(handover) 받을 거예요."

유진이 하나씩 설명해주는 것을 놓치지 않으려고 열심히 받아 적던 루나의 귀에 한 단어가 걸렸다.

🧑 "방금 미션이라고 하셨나요? 수습 기간에 주어진 미션을 수행하지 못할 수도 있나요?"

🧑 "네, 맞아요. 미션을 수행하는 과정이 모두 실무에 투입되었을 때 사용되어 수습 기간을 마칠 때까지 성공해야 합니다."

🧑 "만약 미션을 클리어하지 못하면 어떻게 되나요?"

🧑 "흠··· 샘플 데이터가 많지 않지만, 예상되는 신뢰 구간 오차 범위는 95%입니다."

🐼 "네? 그게 무슨 뜻이죠?"

유진은 질문을 이해하려는 듯 잠시 눈만 깜빡이다가 대답했다.

🧑 "루나는 미션을 무사히 통과할 거라고 믿는다는 뜻이에요."

루나는 4주 후에 또다시 구직 활동을 하는 자신의 모습을 상상하고 싶지 않았다. 불안한 루나의 마음을 아는지 모르는지, 유진은 계속 설명을 이어갔다.

## 2 | 4주 후의 운명을 결정한다, 미션 받기

### ◯ 스쿼드와의 협업

🧑 "루나는 스포티파이 모델(spotify model)로 일해본 적 있나요?"
유진

🧑 "네, 전에 다니던 회사에서 조직 개편할 때 제가 일하던 팀이 파일럿 대상 팀으로 선정되
루나 어서 스쿼드 모델을 시도한다고 PO(Product Owner), 디자이너, 개발자, 애널리스트를
한 방에 몰아넣는 바람에 개고생을··· 헙!"

급하게 손으로 입을 막았지만, 늦었다. 루나는 급히 유진의 표정을 살폈는데 웃지도 않고 찡
그리지도 않는 무표정이다.

🧑 "스쿼드 모델에 대해 기본적으로 이해하다니, 다행이네요. 우리 스쿼드도 구조가 비슷해요.
유진 PM, 디자이너, 개발자 이렇게 세 명이 협업해왔어요. 스쿼드 이름은 '케르베로스'입니다."

🧑 "이름이 케르베로스라고요?"
루나

루나는 순간 웃음이 나올 뻔했다. 그리스 신화에 나오는 케르베로스는 머리가 셋 달린 개, 지
옥의 문을 지키는 파수견이다. 무시무시한 이름을 선택한 스쿼드의 의도가 뭘까.

🧑 "네, 케르베로스 스쿼드가 결성된 후 새로운 멤버를 영입하는 것은 루나가 처음이에요.
유진 사실, 서비스 디자이너가 우리 오토마타 회사에 입사한 건 모든 스쿼드를 통틀어서 처음
이랍니다."

🧑 "네, 인터뷰할 때 제가 회사의 1호 서비스 디자이너가 될 거라고 들었어요."
루나

🧑 "기억력이 참 좋네요! 그 섬세한 기억력이 이번 미션을 푸는 열쇠가 될 거라고 예상해요."
유진

## 스포티파이 모델

스포티파이(Spotify)는 2006년에 설립된 스웨덴의 음악 스트리밍 및 미디어 서비스 제공 업체다. 스포티파이에서는 문화와 네트워크의 중요성을 강조하면서 애자일(agile)을 확장하기 위해 사용자 중심의 새로운 접근 방식을 구축했는데, 이 방식이 '스포티파이 모델'로 널리 알려졌다. 스쿼드는 애자일 조직의 기초 단위다. 스쿼드는 보통 6~12명의 소수 인원으로 이루어지며, 프로젝트를 완료하고자 개발자, 디자이너, 기획자 등이 포함되어 주어진 미션을 수행한다. 스쿼드는 멤버가 자율적으로 미션을 수행하는 권한이 있는, 수평적 구조로 이루어진다. 미션을 수행하는 데 지원이 필요할 경우, 애자일 코치 및 안내를 돕는 PO 또는 PM이 투입된다. 스쿼드에서는 어떤 애자일 방법론과 프레임워크를 사용할지 결정한다.

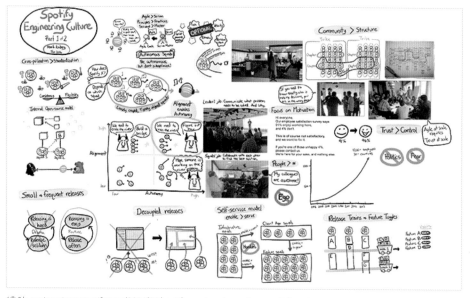

(출처: engineering.atspotify.com/2014/03/spotify-engineering-culture-part-1)

## 스쿼드 멤버들의 페인 포인트

"스타트업의 특성상, 지금까지 스쿼드는 3인이라는 작은 그룹으로 프로젝트를 진행했어요. 소수의 인원으로 구성된 그룹이다 보니, 서로 커뮤니케이션은 빠르게 1:1 채팅이나 화상 통화로 진행해왔죠. 특별한 프로젝트 딜리버리 프로세스 없이도 스쿼드 멤버끼리 쉽게 동기화할 수 있었어요. 프로덕트 개발을 신속하게 할 수 있다는 장점이 있었어요. 그런데 최근에 문제가 생겼어요.

첫 번째 문제는 커뮤니케이션이에요. 프로젝트의 규모가 점점 커지고, 프로덕트 완성도도 높여야 하는 상황에 다다르니까, 멤버 간 소통이 힘들어졌어요. 각자 집중적으로 해결하는 부분이 다르고, 진행 속도도 다른데, 서로 확인해야 할 부분을 놓치는 실수가 잦아졌어요. 실수가 생기면 동기 부여가 힘들어지고, 소통에 대한 스트레스도 커지죠.

두 번째 문제는⋯ 멤버들의 소통이 잘 안 될수록, 프로덕트 완성도가 같이 떨어진다는 거예요. 최근 프로토타입 테스트 성공률이 15% 감소했어요. 스쿼드가 조직된 이래 가장 빠른 속도로 테스트 결과가 나빠지는 중이죠. 아직 루나에게 우리 프로덕트가 무엇인지 설명할 수는 없지만, 정확도가 매우 중요해요. 그런데 지금 케르베로스 스쿼드가 기록한 테스트 완성도로는 런칭일에 맞출 수가 없어요."

👧 "런칭 일정이 늦어질 정도라니, 큰일이네요!"

루나는 전 직장에서 프로젝트 데드라인이 다가올 때마다 늦게까지 회사에 남아 야근하던 기억이 났다. 큰 규모의 서비스 업데이트나, 새로운 버전 런칭을 할 때는 멤버들과 함께 달력을 부여잡고 시간에 맞춰 각자 맡은 업무를 끝내려고 필사적이었다. '데드라인'이라는 말처럼 마감은 죽기 살기로 지키는 습관이 들었기 때문에 루나는 지금의 상황이 꽤 심각하다는 것을 파악했다.

👩 "우리 회사와 파트너십을 맺은 기업들이 프로덕트 런칭을 손꼽아 기다리는 중이라, 프로덕트 개발 일정에 더 이상 차질이 생기면 안 돼요. 상황이 이렇다 보니, 스쿼드의 협업 퀄리티를 개선해 줄 해결사가 필요했어요. 그래서 루나를 찾은 거예요."

유진이 잠시 말없이 루나를 응시했다. 거의 쉬지 않고 설명하던 유진의 침묵이 어쩐지 기묘했다. 시간이 조금 흐르고, 유진이 다시 입을 열었다.

👩 "루나, 오늘부터 4주 동안 해결해야 할 미션을 말해줄게요."

펜을 쥔 루나의 손에 힘이 들어갔다.

## 🔘 미션: 서비스 디자이너와 스쿼드의 협업 프로세스 만들기

👩 "우리 스쿼드 멤버들의 협업 과정을 분석하고, 앞으로 루나가 어떻게 협업할 수 있을지 새로운 업무 프로세스를 제안해주세요. 4주 후에 루나가 직접 스쿼드에서 분석한 점과 아이디어를 발표하면 됩니다."

루나는 정신없이 받아 적었다. 앞으로 4주간 해결해야 할 숙제.

👧 "이 미션을 통과하는 기준은 뭔가요?"

👦 "좋은 질문이에요, 루나. 미션을 통과했는지 실패했는지는 스쿼드 멤버들이 함께 논의해서 결정합니다. 이 미션은 객관식처럼 맞고 틀렸다고 할 수 없어요."

👧 "음··· 좀 더 자세히 말해주세요. 유진은 이 미션에서 제가 어떤 점에 집중해야 한다고 생각해요?"

유진이 잠시 말을 멈추고 눈만 서너 번 깜빡이는 걸 보며 루나는 자기가 뭘 잘못 물어봤나? 하고 어색하게 스크린 너머를 바라봤다.

👦 "제 의견을 묻다니, 재미있네요."

👧 "네?"

👦 "이 미션은 잘하느냐 못하느냐를 평가하려고 설계된 것이 아닙니다. 우리 스쿼드 멤버들은 어렴풋하게 문제를 인식하긴 하지만, 명확하게 뭐가 잘못됐는지 파악하지 못해요. 루나의 신선한 관점으로 상황을 관찰하고 분석한다면 좋은 출발점이 될 거예요. 팀이 미처 생각하지 못했던 맹점(blind-spot)을 찾아낸다면, 분명 큰 도움이 될 겁니다."

알쏭달쏭한 대답이지만, 루나는 일단 되는 대로 다 받아 적었다.

👦 "루나, 미션에 대해서는 앞으로 매주 저와 121(one-to-one, 일대일) 미팅하면서 멘토링할 계획이니까 너무 걱정하지 마세요. 그럼 이제 하우스키핑 룰(housekeeping rule)을 먼저 검토해볼까요?"

👧 "하우스키핑이라면··· 집안일이요?"

루나는 영국에서 유학 생활하면서 영어로 대화하는 것에 대해 자신감이 붙었지만, 미팅을 영어로 하다 보면 모르는 단어나 표현이 종종 있기 마련이었다.

👦 "루나가 앞으로 근무하는 데 수월하도록 근무 환경을 세팅하는 것을 하우스키핑 룰이라고 해요. 사전적 정의에 대해 검색한 결과를 링크로 공유해줄까요?"

👧 "아뇨, 괜찮아요! 이제 이해했어요. 설명해줘서 고마워요."

사전적 정의까지는 필요 없는데, 루나는 딱 부러지는 유진의 말투에 조금 긴장하고 말았다.

👦 "언제든지 물어보세요, 루나! 그럼, 지금부터 하이브리드 근무 환경에 맞도록 피그마 세팅을 해볼까요?"

# 3 | 하이브리드 근무 환경 준비하기

## 피그마 세팅

"루나, 케르베로스 스쿼드는 개발 초기부터 모든 작업을 피그마로 해왔어요. 아마 루나도 피그마를 거의 매일 사용하게 될 거예요. 인터뷰 때, 피그마를 사용해본 경험이 많지 않다고 했죠? 그럼 지금부터 우리 피그마 세팅을 해봅시다. 데스크톱 앱은 사용해봤나요?"

루나는 가슴이 덜컥했다. 미팅 한 시간 전에야 부랴부랴 피그마 계정을 만들었기에 앞으로 차차 연습할 생각이었다. 그런데 유진이 말한 '데스크톱 앱'에 대해서는 아는 게 없었다. 고민하다가 루나가 질문했다.

"음, 아니요. 저는 피그마를 웹 브라우저로만 사용했어요. 찾아보니 피그마는 웹 기반 툴이라서 별도의 앱이나 소프트웨어를 설치할 필요가 없다고 하더라고요. 데스크톱 앱을 사용하면 더 좋은가요?"

## 피그마의 시작은 웹 브라우저? 데스크톱 앱?

루나는 최대한 자연스럽게 대답하려다 유진의 얼굴을 살폈다.

"피그마는 웹 기반 협업 소프트웨어로 유명합니다. 스케치(Sketch) 같은 툴을 사용하면 랩톱에 설치된 소프트웨어로 개인 작업을 한 후에 파일을 다른 사람들과 공유해야 하는데 이 과정이 복잡하죠. 그래서 많은 사람이 웹 기반 서비스를 선호해요.

피그마는 작업하는 과정이 모두 실시간으로 클라우드에 저장되어 여러 명이 같은 파일에 접속해서 함께 수정하더라도 문제없이 최신 버전의 파일을 확인할 수 있어요. 웹 브라우저로 피그마에 접속해서 작업할 때 거의 데스크톱 앱과 다름없이 사용할 수 있는 게 이론적으로는 맞습니다. 하지만 실무 작업을 할 때는 이야기가 조금 다릅니다. 작업 파일에 로컬 폰트(local font)를 사용하고 싶을 때는 데스크톱이 훨씬 편해요. 그리고 웹 브라우저에서 사용하는 단축키와 피그마의 단축키 명령이 서로 충돌할 수도 있어, 피그마 작업량이 많은 경우엔 데스크톱 앱을 사용하는 편이 좋습니다."

루나는 이전 회사에서 회사의 브랜딩과 일관성을 유지하고자 정해진 폰트를 사용하는 게 중요하다고 교육받은 터라, 폰트 이야기에 귀를 쫑긋 세웠다.

🧑‍🦰 루나 "그럼 저도 데스크톱 앱으로 작업하고 싶어요. 데스크톱 앱은 어떻게 사용하는지 알려주세요."

🧑 유진 "배우려는 자세가 보기 좋네요. 지금 피그마 웹사이트에 접속해보세요."

## 🔵 피그마 데스크톱 앱 설치

🧑 유진 "피그마 웹사이트의 다운로드 페이지를 찾아보면 바로 데스크톱 앱을 설치할 수 있을 거예요."

루나는 그다지 어렵지 않게 다운로드 링크를 찾았다. 맥북에 피그마 데스크톱 앱 설치 프로그램을 실행하기까지 채 몇 분도 걸리지 않았다.

### 데스크톱 앱 설치하기

1 피그마 웹사이트에 접속한다.

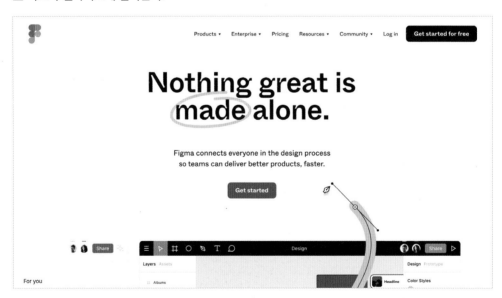

2 [Products] 메뉴를 클릭한 후 [Downloads]를 선택한다.

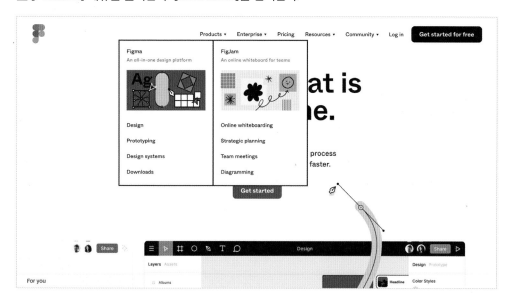

3 다운로드 페이지에 방문한다.

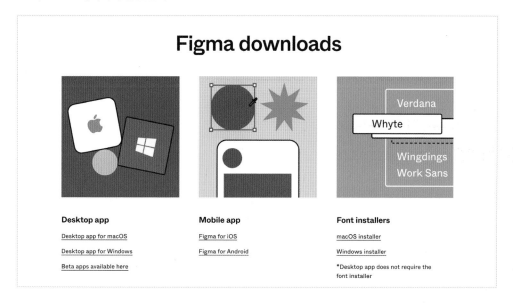

4 사용 중인 컴퓨터 운영 체제에 맞는 버전을 설치한다. (macOS 또는 Windows)

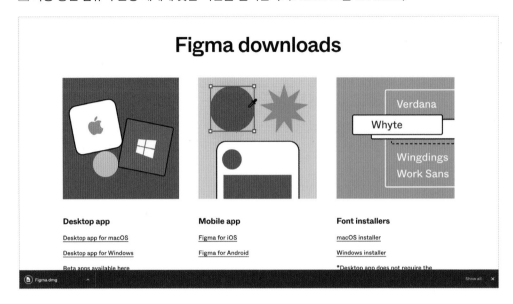

5 설치 프로그램을 실행한다.

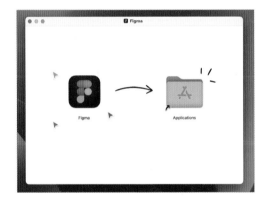

🧑 "와! 진짜 금방 설치가 끝나네요."

🧑 "용량이 큰 소프트웨어들과는 달리 피그마는 데스크톱 앱도 가볍게 설치할 수 있죠. 루나, 회사 메일 주소로 로그인했나요?"

🧑 "아뇨, 제가 개인용으로 사용 중인 이메일 주소를 사용해서 로그인했어요. 로그아웃할까요?"

🧑 "따로 로그아웃할 필요 없어요. 이미 사용 중인 계정이 있을 땐 로그인할 계정을 추가할 수 있거든요. 어떻게 스위칭하는지 스크린 셰어로 보여줄게요."

## 계정이 여러 개라면?

유진은 자신의 스크린을 미팅 화면에 띄워서 계정을 스위칭하는 과정을 보여줬다.

## 피그마 계정 스위칭하기

① 우측 상단에 있는 알파벳 아이콘을 클릭한다. 이는 로그인한 이메일의 가장 첫 번째 문자다.

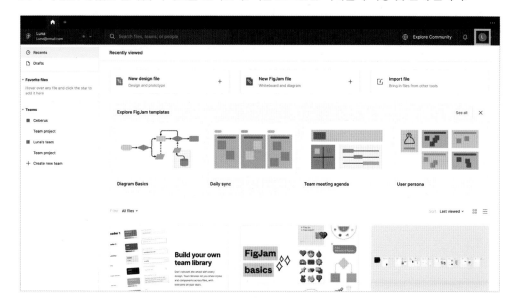

② 드롭다운 메뉴의 [Switch account]를 선택해 계정을 스위칭한다. 이때 로그인한 적이 있다면 선택 가능한 계정 목록에 표시된다.

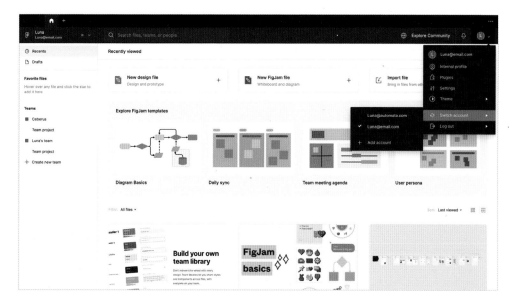

③ 이전에 로그인한 적 없는 새로운 계정을 추가하고 싶을 때는 [+ Add account]를 선택한다.

사용 중인 계정을 로그아웃하고 다른 계정으로 로그인하는 것은 생각보다 번거로운 일이다. 루나는 서로 다른 계정에 저장된 파일이나 소스를 복사하고 붙여 넣는 작업을 할 때 불편함을 겪어 한 번의 클릭만으로 계정을 스위칭하는 게 마음에 들었다.

계정을 스위칭하면 현재 로그인된 계정의 이메일 주소 가장 첫 글자로 아이콘이 생성된다. 한 가지 걸리는 점이 있다면 루나의 개인 계정과 회사 계정의 이메일 주소가 너무 비슷했다.

> 🙎 "제 개인 이메일과 회사 메일이 비슷해서 좀 헷갈려요. 어떤 계정으로 로그인했는지 쉽게
> 루나  알아볼 방법이 있을까요?"

> 🙎 "계정이 표시되는 부분에서 이메일 주소를 확인해도 되지만, 더 확실하게 구분하고 싶다
> 유진  면 프로필 사진을 설정해두는 것을 추천해요."

### 🔘 프로필 사진 설정

유진은 스크린을 계속 공유하면서 어떻게 사진을 설정하는지 설명했다.

> 🙎 "자신의 계정과 관련된 정보 설정은 모두 우측 상단의 개인 정보 공간을 클릭하면 수정할
> 유진  수 있어요. 아까 계정 스위칭했던 그 메뉴로 다시 돌아가봅시다."

## 프로필 사진 설정하기

① 우측 상단에 있는 계정 아이콘을 클릭한 후 드롭다운 메뉴의 [Settings]을 클릭한다.

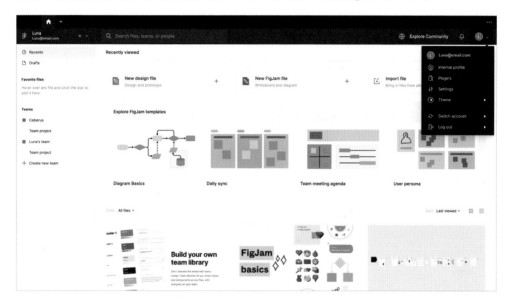

② 세팅 창에서 사진이 들어갈 자리 아래에 있는 <Edit>를 클릭한다.

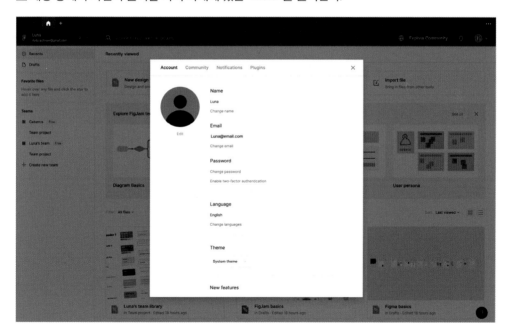

3 원하는 사진을 선택하고 크기를 조정한다.

4 변경된 프로필 사진을 확인한다.

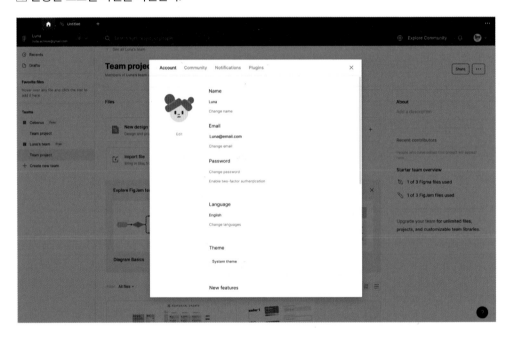

🐼 "오, 확실히 프로필 사진이 보이니까 제가 어떤 계정으로 접속 중인지 빠르게 알아볼 수
있어요. 해결 방법을 알려줘서 고마워요."

🧑 "천만에요! 이제 루나의 회사 이메일 계정으로 접속할 수 있는 파일들의 권한을 줄게요.
지금 파일 권한 설정하는 법을 보여줄 테니, 기억해두었다가 나중에 루나가 작업한 파일
을 스쿼드와 공유하고 싶으면 그때 권한을 부여해주세요."

## 파일 권한 설정

회사에서 작업하는 파일들은 보안상의 이유로 접속 권한을 제한해야 한다. 특히 호환성이 좋은 협업 소프트웨어에는 보안을 위해 비밀번호 요청이나 파일 접속 권한을 받은 계정만 파일을 열 수 있도록 설정하는 기능이 있다.

유진이 앞서 회사의 기밀 프로젝트와 보안에 대해 말한 것으로 보아, 이 회사에서도 작업 파일에 대해 보안 관리를 철저히 한다고 루나는 생각했다. 유진은 작업 공간에 있는 파일을 하나 열어서 어떻게 권한을 설정하는지 보여줬다.

### 피그마 파일 권한 설정하기

① 피그마에서 작업 파일을 하나 연 후 창 우측 상단의 <Share> 버튼을 클릭한다.

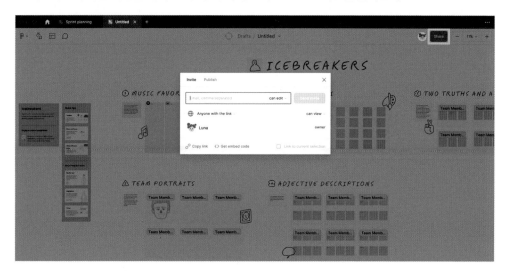

② 권한을 지정할 사람의 이메일 주소를 입력한다. 이때 작업 공간 내에서 위치를 정해 공유하고 싶을 경우엔 [Link to current selection] 체크 박스를 선택한다.

③ 또는 공유 권한 레벨 설정(view only 또는 edit) 후 링크를 복사해 공유한다.

유진이 권한 설정을 바꿔주자 루나의 피그마 홈 화면에 여러 프로젝트 목록이 보였다. 프로젝트 작업 파일을 열어보려는데 루나의 제목이 눈에 띄었다.

'온보딩 멘토 사용성 테스트 week 1'

# 4 | 온보딩 첫 주 일정을 받다

## 멘토 사용성 테스트?

세 번째 메일 제목이 루나의 머릿속을 스치고 지나갔다. 바로 오늘 퇴근 전까지 회신해야 하는 사용성 테스트 동의서였다.

👧 "아, 유진! 혹시 온보딩 멘토 사용성 테스트가 뭔지 알 수 있을까요? 오늘까지 동의서를 제출하라고 했거든요."

유진이 피그마에 대해서는 막히지 않고 술술 설명하더니 갑자기 말을 뚝 끊었다. 그리고 눈만 몇 번 깜빡거리다 말을 이어갔다.

👩 "루나, 저와 오늘 멘토링 진행하면서 어땠나요?"

👧 "네? 좋았어요. 물어보는 것마다 유진이 세세하게 가르쳐주고 화면 공유해서 어떻게 피그마를 사용해야 하는지 설명해주어서 많이 배웠어요."

👩 "만약 오늘의 멘토링 점수를 준다면 1에서 10까지 중, 몇 점인가요? 1은 몹시 나쁘다, 10은 아주 좋다. 솔직하게 말해주세요."

사람을 앞에 두고 점수를 매겨달라니! 어떻게 대답할지 생각 중인데 유진이 말을 더했다.

👩 "이렇게 직접 멘토 앞에서 평가하는 건 힘들죠? 제 앞에서 말하기 불편한 부분도 있을 거예요. 저희는 멘티에게 멘토링 경험의 만족도에 대해 직접 물어보는 방법 외에 다른 방법으로 피드백을 받는 방법을 찾고 있어요. 그래서 저와 루나가 소통한 내역을 녹화하고 기록해두고, 테스트에 사용하려고 합니다. 루나는 오늘처럼 저에게 자연스럽게 질문하고 도움을 요청하시면 됩니다. 테스트에 대해 따로 해야 할 일은 전혀 없으니, 걱정하지 말아요."

👧 "아··· 네! 그럼 동의서에 서명해서 메일로 회신하겠습니다."

👩 "네, 궁금한 걸 물어보는 것은 좋은 자세예요. 앞으로도 모르는 점이나 궁금한 점이 있을 때는 지금처럼 저에게 질문해주세요."

루나는 슬쩍 시계를 확인했다. 어느새 오후 5시 50분! 퇴근 시간이 10분 남았다. 시간을 확인하는 루나의 마음을 꿰뚫어 보기라도 했는지, 유진이 미팅을 마무리했다.

🧑 "오늘 출근 첫날이라 할 일이 많았을 거예요. 루나, 첫 멘토링 미팅을 마치기 전에 이번 주 일정을 설명해줄게요. 이번 주는 스쿼드 멤버들을 만나서 서로 소개하고, 각 멤버가 어떤 업무를 하는지 알아보는 시간을 준비했어요. 다들 다른 나라에서 일하다 보니 직접 만나지는 못하지만, 우리는 이 시간을 '버추얼 커피 챗(virtual coffee chat)'이라고 불러요. 원격으로 스쿼드 멤버들을 만나서 커피 마시며 이야기를 나눠보세요."

🧑 "커피 챗! 이름이 맘에 들어요. 선물해주신 카페 기프트 카드로 진짜 커피를 준비해놓고 멤버들을 만나볼게요."

루나는 하루가 무사히 끝났다는 생각에 환하게 미소 지었다. 유진은 짧게 덧붙였다.

🧑 "루나, 우리 스쿼드 멤버들이 어떻게 협업하는지 파악하려면 그들이 피그마를 사용하는 방법을 잘 관찰하세요. 각자의 업무에 맞게 피그마를 사용하는 방법이 천차만별이거든요. 아, 그리고···"

유진이 조금 뜸을 들이다 말을 마쳤다.

🧑 "미션의 실마리를 잡을 좋은 기회가 될 거예요"

## 🎧 스쿼드 버추얼 커피 챗

유진이 말을 마치자마자 3개의 구글 미트 초대장이 도착했다.

- 화요일 오후 3시, 스톡홀름, 단단 - 시니어 프로덕트 디자이너
- 수요일 아침 11시, 싱가포르, 로렐라이 - 시니어 엔지니어
- 목요일 오후 4시, 런던, 자비에르 - 시니어 프로덕트 매니저

🧑 "그럼 루나, 우리는 다음주 월요일 같은 시간에 만나요. 오토마타에 합류한 것을 축하해요!"

🧑 "고마워요, 유진. 다음주에 봐요!"

미팅이 끝난 후 루나는 화면에 비친 자기 얼굴을 바라봤다. 순식간에 회사의 배경과 '케르베로스' 스쿼드의 문제점과 앞으로 이 회사에서 자신의 운명을 결정지을 미션에 대해서 듣고 나니 머릿속이 꽉 찬 상태였다.

🧑 "맞다! 잊기 전에 동의서도 제출해야지."

많은 양의 정보를 한꺼번에 기억하기는 쉽지 않아 루나는 오늘 배운 내용을 기록해두기로 했다.

- 미션! 4주 동안 서비스 디자이너와 '케르베로스' 스쿼드의 협업 프로세스 기획하기
- 스쿼드 멤버들과 1:1 버추얼 커피 챗 나누기
- 케르베로스 스쿼드 멤버들에게 피그마 작업 파일 권한 요청하기
- 멤버마다 피그마 사용법이 무엇이 다른지 알아보기
- 미션의 실마리 찾기

루나는 깊게 숨을 들이쉬었다가 내쉬면서 업무용 맥북을 닫았다. 스타트업 '오토마타'에서 하는 첫 퇴근이었다.

## 프로젝트 확인

출근 이틀날, 루나는 아침 일찍 업무용 랩톱을 켰다. 케르베로스 스쿼드 멤버들을 만나기 전에 프로젝트를 미리 보고 궁금한 점을 물어볼 생각이었다. 케르베로스의 워크스페이스(workspace)에 들어가자마자 프로젝트 목록이 화면을 가득 채웠다. 빼곡한 프로젝트 목록 하단에는 프로젝트마다 작업 파일이 몇 개나 있는지, 마지막으로 수정한 날짜가 언제인지 적혀있었다.

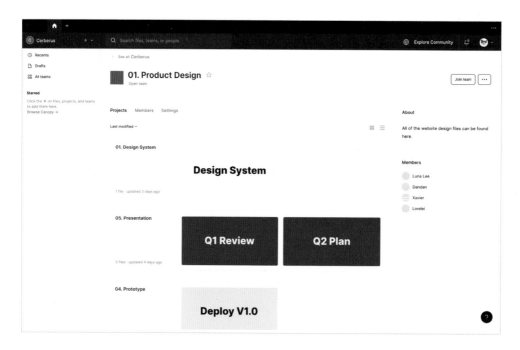

작업 파일들은 프로젝트 단위로 묶여있다. 맨 상단에 디자인 시스템 파일이 보인다. 프로젝트의 파일 목록 외에도 케르베로스 스쿼드 멤버는 누구인지, 누구에게 파일 접근 권한이 있는지 볼 수 있다.

루나는 어떤 프로젝트를 확인해볼지 고민하다 맨 위에 있는 것부터 둘러보기로 했다. 'Design system'이라는 제목의 프로젝트를 클릭하자, 파일 목록이 나타났다.

프로젝트 안에는 여러 작업 파일이 있었는데, 루나는 파란색 펜 모양의 아이콘이 표시된 파일을 열어봤다. 잘 정돈된 객체가 여러 개 화면에 뿌려졌다.

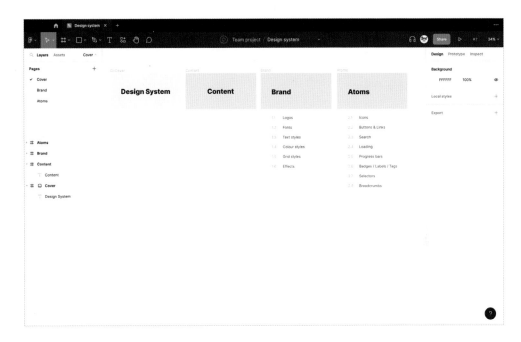

파워포인트나 구글 슬라이드를 여러 장 한꺼번에 볼 수 있도록 설정하는 것처럼, 동일한 크기의 하얀 직사각형 공간에 제목과 규칙 같은 것들이 배열되어 있다. 루나가 연 파일은 회사 '오토마타'의 디자인 시스템을 정의하는 마스터 파일이었다. 누구나 이 파일을 숙지하면 회사의 브랜딩을 비롯한 디자인 구조와 요소를 통일성 있게 사용할 수 있다.

🧑 "우와, 누가 이렇게 문서 정돈을 잘했지?"
루나

## 누가 만든 파일일까? 파일 오너 확인하기

회사 생활과 유학 생활을 거치며 문서 관리가 얼마나 중요한지 알게 된 루나는 깔끔하게 정돈된 작업 파일의 주인이 누구인지 궁금해졌다. 피그마에서 작업 파일의 소유권 및 접근 권한을 확인해보려니까 어제 유진이 보여주었던 인터페이스가 기억났다.

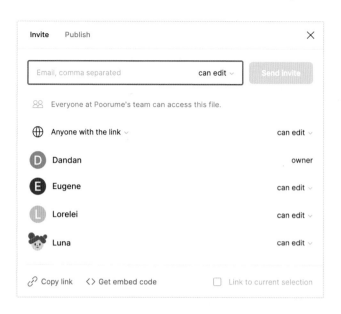

우측 상단에 있는 <Share> 버튼을 클릭하면 팝업 창에서 파일 접근 권한 관련 정보를 확인할 수 있는데, 작업 파일 오너 이름 옆에는 'owner'라고 상태가 표시되어 있다.

> 🐼 "파일 오너, D··· 단단! 이 파일은 오늘 만나는 프로덕트 디자이너가 만든 거였구나. 오
> 루나 후에 문서 정리를 깔끔하게 하는 팁을 물어볼까?"

루나는 디자인 시스템 파일을 좀 더 시간을 들여 자세히 숙지하고 싶었다. 당장 디자인 작업을 할 것 같지는 않지만, 회사에서 사용하는 중요 문서를 익혀두면 나중에 일할 때 편할 것 같았다.

케르베로스 스쿼드가 사용하는 수많은 작업 파일 중에서, 루나에게 특별히 중요할 것 같은 파일만 즐겨찾기 할 방법이 있을까? 루나는 피그마 파일이 열린 스크린을 좌우로 훑어보다 작은 별 모양 아이콘을 발견했다.

대학원 다닐 때, 논문을 쓰려고 많은 양의 자료를 검색할 때 웹 브라우저 창에 '별' 아이콘을 수시로 누르던 루나. 링크를 따로 문서에 저장해두지 않아도, 웹 브라우저 즐겨찾기 목록으로 쉽게 저장할 수 있어서 자주 사용하는 기능이었다. 그런데 피그마에서도 비슷한 별 아이콘이 보이자, 반가운 마음에 소리를 질렀다.

## 피그마 파일 즐겨찾기하기

[1] 프로젝트 이름 위에 마우스 포인터를 올리면 별 표시를 확인할 수 있다.

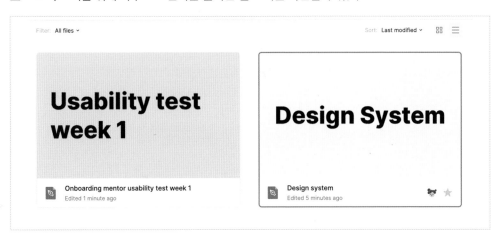

[2] 별 표시가 된 프로젝트는 좌측 Favorite files 항목에 표시된다.

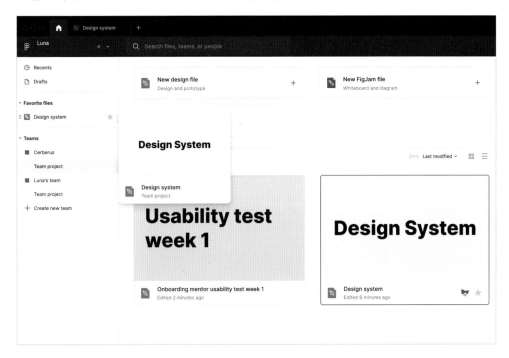

프로필 사진 옆에 있는 별 모양 아이콘을 누르자 favorite 목록에 추가되었다. 루나는 앞으로
디자인 시스템 관련 자료를 피그마에서 빠르고 쉽게 찾을 수 있어서 기분이 좋았다. 루나는
터치 패드를 휙휙거리며 작업 파일에 어떤 내용이 있는지 확인하다가, 반딧불처럼 파랗게 떠
있는 파란 점들을 발견했다.

**이전에는 어떤 대화가 오갔을까?**

루나는 파랗게 표시된 점 위로 마우스 포인터를 옮겼다.

### 피그마 파일 코멘트 확인하기

1 파란색 말풍선을 클릭해보자.

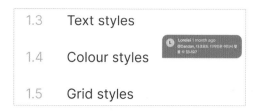

2 말풍선을 클릭하면 코멘트 창을 확대해서 볼 수 있다.

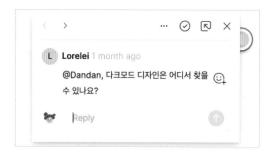

3 피그마 상단 툴바의 말풍선 아이콘을 클릭하면 코멘트 전체 목록을 확인할 수 있다.

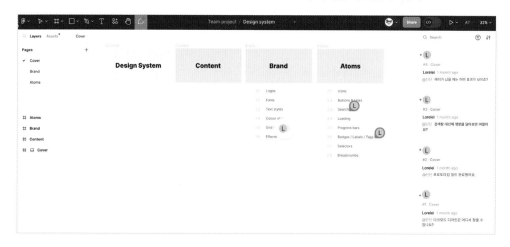

"오, 로렐라이라면… 내일 만나는 개발자구나? 작업 파일에 직접 글을 남길 수 있다니, 코멘트를 통해서 바로 소통할 수 있겠군!"

디자인 시스템 파일을 둘러보니까 이곳저곳 로렐라이가 남긴 코멘트의 흔적이 있었다. 특정 멤버를 태그(tag)하고 질문한 코멘트인데, 아직 답변이 달리지 않은 점이 의아했다. 다른 파일도 이것저것 눌러보며 확인하던 루나, 점심으로 먹을 샌드위치를 주문하려고 핸드폰을 찾았다.

👧 "어? 내가 아까 핸드폰 어디에다 뒀지?"

허둥대며 책상과 키보드를 더듬던 루나, 그때는 몰랐다. 루나의 손가락이 키보드의 삭제 키를 눌러버렸다는 것을….

## 🔵 버추얼 커피 챗, 시작합니다!

루나는 주문한 치킨마요 샌드위치를 배달받았다. 바삭바삭한 치킨의 튀김옷과 마요네즈의 느끼함이 섞인 샌드위치를 남김없이 해치우자, 슬슬 오후에 있을 커피 챗 미팅이 생각났다. 미팅 시간까지 아직 여유가 있어, 루나는 궁금한 것을 적기 시작했다.

유진이 말해준 것처럼, 미션을 해결할 단서를 찾아야 하는데 어떤 것들을 물어봐야 할지 질문을 정리해두는 게 좋을 것 같았다.

- 자기소개, 본인의 백그라운드에 대해 간단히 소개하기
- 단단이 지금 오토마타에서 맡은 역할
- 데일리 업무 내용
- 피그마를 활용한 협업 방법

👧 "이 정도면 되려나? 아, 스쿼드로 협업할 때 불편한 점이나 개선하고 싶은 점이 있는지도 물어보자!"

루나는 한 글자씩 또박또박 노트에 필기했다. 스크린을 통해 만나는 버추얼 미팅이지만, 노트에 직접 손으로 쓰는 게 아직 익숙했다. 루나의 책상에는 항상 포스트잇과 굵은 마카펜도 놓여 있다. 사람들과 대화하면서 생각나는 아이디어나 인사이트를 적어서 벽에 붙이는 게 편하기 때문이다.

버추얼 커피 챗 시작 10분 전, 루나는 드립 커피를 내렸다. 고소하고 따뜻한 커피 향이 루나의 홈 오피스에 가득 찼다. 어색한 첫 만남을 조금 더 부드러운 분위기로 바꿀 수 있게, 카페인의 도움을 조금 받은 채 구글 미트 링크를 눌렀다.

'삐빅–'

## 작업 파일에 사고 쳤다?

구글 미트에 한 명 더 입장했다는 알림이 울렸다. 시니어 프로덕트 디자이너 단단이 화면에 나타나자 루나는 눈이 번쩍 뜨였다. 창백한 피부 톤과 진한 아이라인, 강렬한 펑크 룩. 단단은 엄청난 존재감으로 첫인상을 남겼다.

🙂 "아⋯ 안녕하세요! 만나서 반갑습니다. 저는 이루나라고 해요."
루나

단단이 아무 말도 하지 않아서 루나는 잠시 인터넷이 끊겼다고 생각했다. 스크린을 응시하는데 단단 앞으로 검은 고양이가 걸어서 지나치는 것을 보고 나서야, 루나는 화면이 정지된 게 아니라는 것을 깨달았다. 고양이가 사뿐사뿐 걸으며 화면 밖으로 사라진 후, 단단이 입을 열었다.

🙂 "왜 제 작업에 손을 대신 거죠?"
단단

단단은 말없이 자신의 화면을 공유했다.

단단이 공유한 파일의 수정 히스토리

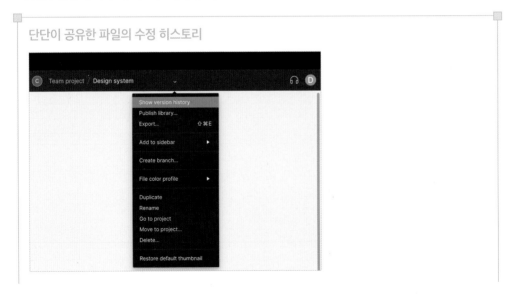

❶ 작업 파일 이름 옆의 드롭다운 버튼 클릭
❷ [Show Version History] 선택
❸ 우측 패널에 보이는 파일 수정 내역 및 에디터 확인
❹ 가장 최근에 작업한 사람이 '이루나'로 표시됨

"오늘 아침에 발견했어요. 루나, 사전에 동의하지 않고 디자인 시스템의 일부를 함부로 삭제한 이유가 뭔가요?"

"그럴 리가··· 제가 아침에 작업 파일들을 열어본 적은 있지만, 수정한 적은 없어요."

루나는 당황한 나머지 허둥지둥 아침에 여러 작업 파일을 열어보았던 때의 기억을 더듬었다. 점심을 주문하려고 핸드폰을 찾다가 파일을 열어둔 채 책상과 키보드 위를 여기저기 손으로 내리쳤던 것을 기억해냈다.

"앗! 아까 디자인 시스템 작업 파일을 열어두고 키보드를 막 두드린 적이 있었어요."

"그때 삭제하셨나 보군요."

피그마는 작업 파일의 수정 사항이 곧바로 클라우드에 저장되어 별도로 파일을 저장해두지 않아도 된다는 장점이 있다. 하지만 루나가 실수로 파일의 일부를 삭제한 상태가 클라우드에 저장된 것이었다.

"죄송합니다. 전혀 의도한 게 아니에요. 작업하시던 파일이 손상되어서 어쩌죠?"

루나는 자기가 원하지 않았던 작업 파일 변경 사항을 취소할 방법을 몰랐다. 문서를 작성하다가 직전에 수정한 사항을 취소하는 <Ctrl> + <Z> 단축키를 뒤늦게 눌러보았지만, 이미 한 번 피그마 문서를 열었다가 닫아버려서 실행 취소 단축키는 소용이 없었다.

단단은 한쪽 눈썹을 치켜올린 채 울상이 된 루나의 표정을 응시하다가, 손을 뻗어 고양이를 자기 품에 다시 안았다. 그러더니 고양이의 머리를 천천히 쓰다듬더니 다시 입을 열었다.

"지금부터 파일 버전을 복원할 테니, 다음부터 조심하세요."

"피그마에서는 이전 버전을 복원할 수 있나요?"

단단은 고개를 작게 끄덕거리더니, 화면을 공유해서 작업 파일 버전 복원하는 법을 보여줬다.

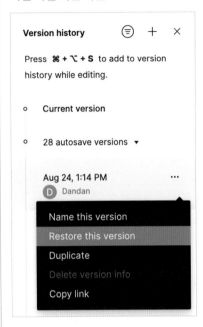

❶ 작업 파일 우측 패널의 'Version history'에서 원하는 버전 선택

❷ 복원하려는 버전의 이름 옆에 <···> 버튼 클릭

❸ [Restore this version] 클릭하여 해당 버전으로 복원

❹ 변경 사항은 클라우드에 자동 저장된다.

"다음부터 작업 파일을 사용하다가 실수로 제 디자인을 지우는 일이 있다면, 루나가 직접 이전 버전으로 복원해주세요."

"네, 꼭 원상 복귀시킬게요! 멋대로 파일을 변경해서 미안해요."

풀이 죽은 루나의 태도가 안쓰러워 보였던 걸까? 단단의 고양이가 다시 카메라를 향해 다가 왔다. 동물을 좋아하는 루나는 화제를 돌릴 겸 단단에게 질문을 던졌다.

"단단, 고양이 이름이 뭐예요? 너무 귀여워요!"

"지지예요."

"어? 단단, 혹시 스튜디오 지브리의 애니메이션 좋아해요? 「마녀 배달부 키키」에 나오는 고양이 이름이 지지잖아요. ㅎㅎ"

다행히도 분위기가 좀 풀렸다. 단단은 아까보다 부드러운 얼굴로 고개를 끄덕이더니, 자기 어깨 너머 벽에 걸린 애니메이션 「마녀 배달부 키키」 포스터를 가리켰다.

🧑‍🦰 단단 "제가 제일 좋아하는 애니메이션이에요. 「마녀 배달부 키키」의 배경이 스톡홀름이래요. 그래서 스웨덴에 와서 살게 됐어요. 지지도 여기 와서 만났어요."

🧑 루나 "와! 단단, 낭만적이에요. 저도 「마녀 배달부 키키」 좋아하는데 배경이 스웨덴인 걸 몰랐어요! 스웨덴은 꼭 여행하고 싶은 곳 중의 하나거든요. 제가 다음에 스톡홀름 가게 되면, 직접 만나서 커피 마셔요!"

자기가 좋아하는 주제로 대화해서인지 창백한 피부 톤의 펑크 메이크업을 뚫고, 단단의 볼이 살짝 붉어졌다. 첫인상은 강렬했지만, 루나는 대화를 계속 나누며 단단이 수줍음이 많은 타입인가보다 했다. 루나는 상대방이 부담스럽지 않게 부드러운 화법을 사용해서 단단과 스쿼드의 업무 내용에 대해 더 파악해보기로 했다.

🧑 루나 "단단, 오토마타에서 프로덕트 디자이너로 일하면서 평소에 어떤 일을 하는지 소개해줄 수 있나요? 제가 앞으로 4주 안에 해결해야 하는 미션이 있는데, 단단에게 제가 어떤 도움을 줄 수 있을지 알아내는 것도 미션의 일부거든요."

🧑‍🦰 단단 "좋아요."

때마침 단단의 고양이 지지가 기지개를 켜더니 단단의 키보드 위로 올라갔다. 그리고 화면 공유 중인 스크린에 새로운 작업 파일이 열렸다. 단단이 가장 최근에 작업했던 파일이다.

🧑‍🦰 단단 "루나, 저는 요즘 케르베로스 스쿼드가 내부적으로 사용하는 소프트웨어 릴리즈 툴 '하데스'를 디자인하고 있어요. 회사 내부 엔지니어들이 사용하는 툴이라서 화려한 UI는 필요하지 않지만, 소프트웨어 업데이트 진행 상황과 성공 여부 상태가 명확하게 보이도록 디자인 솔루션을 찾는 중이에요. 가장 최근 디자인을 확인하고 싶으면 제일 상단에 있는 [Pages]를 확인해주세요."

🧑 루나 "아… 페이지라면, 구글 슬라이드처럼 페이지 단위로 디자인을 정리하는 건가요? 몇 페이지를 보면 될까요?"

단단은 잠시 의아한 표정을 짓더니 루나에게 물었다.

🧑‍🦰 단단 "혹시 피그마 인터페이스 관련 용어에 관해 설명이 필요한가요?"

🧑 루나 "네! 피그마를 연습 중이지만, 단단이 설명해주면 더 이해하기 쉬울 것 같아요."

## 피그마의 인터페이스 구조

단단은 자세를 고쳐 앉더니 목을 가다듬고 설명을 시작했다.

> 🧑 "오케이, 피그마의 워크스페이스 구조는 크게 네 부분으로 나뉘어요. 상단에는 툴바
> (toolbar)가 있고, 좌측 패널은 페이지와 객체 정보를 보여줘요. 가운데 부분은 작업 중인
> 결과가 시각적으로 보이는 캔버스 공간이고요. 그리고 우측 패널은 디자인, 프로토타입,
> 데브 모드(dev mode)가 표시됩니다."

> 🐰 "상단, 좌측, 가운데, 우측····."

루나는 단단의 공유한 화면을 보면서 열심히 필기하기 시작했다. 단단은 한 손으로는 마우스
포인터를 옮기고, 다른 한 손으로는 지지의 머리를 천천히 쓰다듬으면서 계속 설명했다.

### 피그마 인터페이스 소개

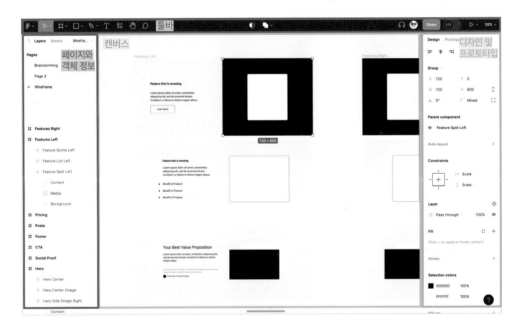

1 페이지와 객체 정보 패널에서 페이지를 추가할 수 있다.

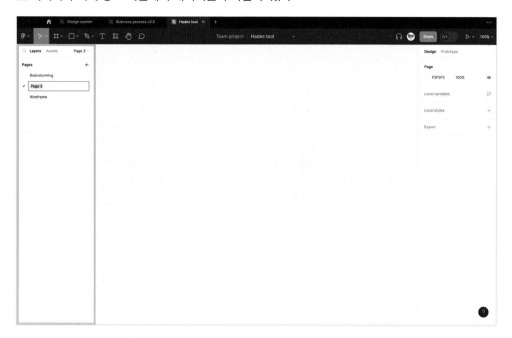

2 페이지를 추가하면 좌측 패널에 표시된다.

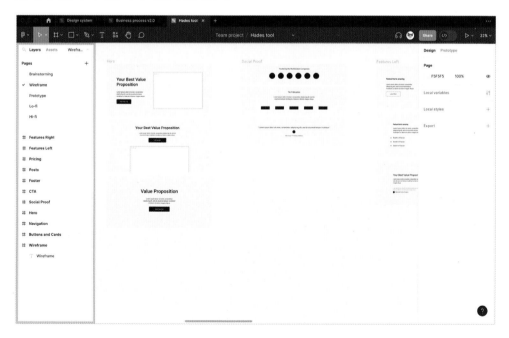

## 페이지 정리

😀 "페이지는 피그마에서 파일을 정리할 때 쓰는 단위 같은 거예요. 디자인 작업을 하다 보면
브레인스토밍하는 영역, 와이어 프레임 그리는 영역, 레퍼런스 모으는 영역 등 많은 과정
이 생겨요.

캔버스 공간이 무한하게 확장되긴 하지만, 모든 작업물을 한 캔버스에 몰아두면 지저분해
서 보기 싫더라고요. 그래서 저는 페이지를 활용해요. 페이지별로 목적을 정하고 제목을
지어요. 그리고 페이지마다 관련 있는 자료만 캔버스에 둡니다. 와이어 프레임 페이지에
는 와이어 프레임만, 레퍼런스 페이지에는 타 서비스의 디자인을 조사한 자료와 스크린샷
만 모아두는 식으로요."

## lo-fi, hi-fi 프로토타입

루나는 단단이 보여주는 페이지 이름을 훑다가 새로운 단어를 발견했다.

😀 "단단, lo-fi하고 hi-fi는 어떤 페이지인가요?"

😀 "둘 다 프로토타입을 정리한 페이지예요. 프로토타입의 완성도에 따라서 low fidelity, high
fidelity로 나누는데, 줄여서 각각 로파이(lo-fi)와 하이파이(hi-fi)라고 부르기도 해요."

루나는 대학원 시절에 앱 서비스를 디자인하면서 프로토타입을 만들었던 게 기억났다. 처음
부터 완성된 앱을 디자인해야 하는 줄 알고 막막하게 여겼는데, 연필로 종이에 앱 인터페이스
를 스케치하면서 디자인하는 lo-fi 작업을 경험했다. 점차 정확도와 완성도를 높여가며 디자
인 툴을 활용해서 hi-fi로 빚어가는 과정이 무척 즐거웠다.

루나는 투박하게 기본적인 도형으로 와이어 프레임만 잡힌 lo-fi 프로토타입과 완벽하게 스타
일링이 된 hi-fi 디자인 페이지를 번갈아가며 구경하다 이 디자인들이 서비스 내에서 직접 작
동하는 것을 보고 싶었다.

😀 "이 디자인들이 실제 작동하는 것을 보고 싶어요! 단단, 방법이 있나요?"

😀 "피그마 프로토타입 뷰(prototype view)에 관해서 설명해줄게요. 루나, 제가 보내는 링
크를 클릭해볼래요?"

## 🔵 프로토타입 뷰

루나가 구글 미트 채팅 창에 공유된 링크를 누르자, 새로운 탭이 열리더니 조금 전까지 피그마에서 보고 있었던 하데스 프로토타입의 첫 화면이 나타났다.

> 🧑 "아, 단단! 디자인 확인했어요. 다른 화면 디자인도 하나씩 링크를 만들어서 멤버들과 공유하는 건가요?"

> 🧑 "아뇨, 방금 공유한 링크를 통해서 hi-fi 페이지에 있던 모든 디자인을 확인할 수 있어요."

> 🧑 "저는 디자인이 딱 하나만 뜨는데, 혹시 오류가 난 걸까요?"

루나는 회색 배경에 하데스 홈 화면 디자인을 응시하면서 물었다.

> 🧑 "루나, 지금 보는 화면에서 아이콘이나 버튼들을 클릭해보세요. 다른 디자인을 모두 확인할 수 있을 거예요. 지금 공유한 프로토타입 뷰는 모든 객체의 연결을 마친, 프로토타입 커넥션 완료 상태의 작업물이거든요."

단단의 설명을 듣고 루나는 화면 여기저기를 클릭해보았다. <Next> 버튼을 클릭하면 화면이 이동하고, 사이드 메뉴의 <Account>를 누르면 계정 정보를 확인하는 페이지로 전환되고, 실제 라이브 중인 서비스처럼 프로토타입이 작동하고 있었다.

> 🧑 "프로토타입이 아니라 실제 구현된 서비스 같아요. 이렇게 작동되는 프로토타입을 보면 디자인에 대해 훨씬 쉽게 이해할 수 있겠어요!"

> 🧑 "피그마에서 제공하는 프로토타입 커넥트(connect) 기능을 사용한 거예요. 정지된 화면 상태를 디자인하다 보면, 각 개체의 애니메이션 효과나 페이지 간의 전환을 시각화하기 힘들어요. 이 버튼을 클릭했을 때, 어떤 효과가 있을지 고민하는 거죠. 버튼의 색깔이 변하나? 텍스트가 커지나? 등 디테일을 일일이 개발자에게 설명하는 게 피곤하거든요. 피그마에서 애니메이션 효과가 있는 디자인 요소들을 직접 세팅해두어 편해요."

단단의 설명을 열심히 필기하던 루나의 손이 멈칫했다. '개발자에게 설명하는 게 피곤하다.'라는 표현이 마음에 걸렸다. 혹시 이번 미션의 실마리를 찾을 수 있을까? 루나가 생각하는 찰나, 단단이 헛기침했다.

> 🧑 "흠흠! 오늘은 말을 무척 많이 하게 되네요. 제가 루나에게 설명한 것은 기초적인 피그마 기능들입니다. 피그마를 사용하는 멤버들과 협업하려면 연습 속도를 더 올리는 게 좋을 것 같아요."

🐱 "아하하, 그럼요! 적극적으로 피그마를 공부해보려고요!"
루나

루나는 세차게 머리를 끄덕였다. 단단은 수줍음이 많지만, 할 말은 다 하는 성격처럼 보였다.

🐱 "루나, 피그마 인터페이스에 대해서 더 궁금한 게 있나요?"
단단

피그마에 대해서 하나라도 더 많이 배워가겠다고 결심한 루나는 질문을 던졌다.

🐱 "단단, 아까 피그마 인터페이스 중에서 데브 모드에 대해 조금 더 설명해줄 수 있나요? 익
루나   숙하지 않은 용어라서 더 자세히 알고 싶어요."

## 피그마 데브 모드 엿보기

① 다음은 데브 모드 실행 화면이다. 데브 모드는 <Share> 버튼 옆 코드 버튼을 클릭하면 실행된다.

2 데브 모드를 실행하면 인스펙트(inspect) 패널이 보인다.

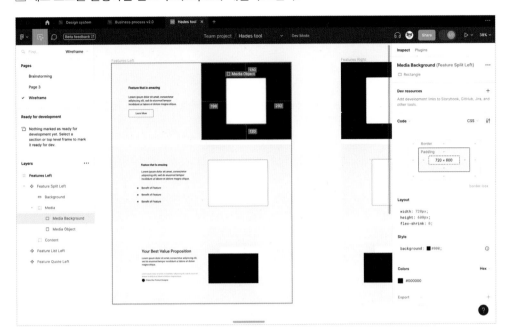

🧑‍💼 "인스펙트 패널은 개발자를 위한 코드를 보여주는 영역이에요. 디자이너가 작업을 완료하
단단   면 개발자와 핸드오프(hand-off) 과정을 통해 세세하게 각 디자인 요소의 수치 및 값을 알
      려줘야 해요. 피그마 인스펙트 패널을 확인하면 안드로이드, iOS, CSS 코드를 찾을 수 있
      고 객체 영역, 여백, 텍스트 등의 수치를 일일이 재지 않고도 바로 확인할 수 있어요."

단단이 피그마 인터페이스를 하나씩 설명해줄수록, 루나는 피그마가 디자이너와 개발자의 협
업을 고려한 기능을 많이 제공한다고 느꼈다.

🧑‍🦰 "확실히 개발자와 핸드오프할 때 유용하겠네요! 단단은 언제 인스펙트를 사용하나요?"
루나

🧑‍💼 "인스펙트는 디자인 시스템을 작업하는 사람에게 무척 중요해요."
단단

🧑‍🦰 "디자인 시스템이라면 아까 제가 실수했던 파일 말인가요?"
루나

🔵 **디자인 시스템이란?**

🧑‍💼 "디자인 시스템은 오토마타 회사에서 개발하는 서비스 전체에 일관되게 적용하는 패턴과
단단   공유된 규칙 언어예요. 함부로 파일을 변경하면 제가 작업하는 것뿐만 아니라 다른 디자
      이너와 개발자들에게도 혼란을 줄 수 있어요."

처음 보는 사람도 잘 이해하도록 규칙과 패턴이 잘 정리된 문서라는 인상을 받았지만, 루나는 디자인 시스템에 대해서 잘 몰랐다. 게다가, 회사 전체에서 사용하는 디자인과 관련된 파일을 손상시킬 뻔했다는 것 때문에 아찔했다. 다행히 자신이 실수한 부분을 이전 버전으로 복원해준 단단이 고마웠다.

🧒 "그렇게 중요한 파일인 줄 알았다면 더 조심했을 텐데, 아까는 정말 고마웠어요!"

🧒 "처음이니까 실수할 수도 있죠. 대신 다음부터는 조심해주세요. 덜렁대는 사람은 제가 파일 접근 권한을 보기 전용(view only)으로 바꿔버리거든요. 로렐라이처럼요."

얌전하던 지지가 '로렐라이'라는 단어를 듣자마자 갑자기 털을 곤두세웠다. 단단이 신경질적으로 그르렁거리는 지지를 안심시키려고 단단이 여러 번 머리를 쓰다듬었다.

🧒 '심상치 않은데? 내일 커피 챗에서 어떻게 된 일인지 물어봐야지!'

루나는 재빠르게 포스트잇에 할 일을 적었다.

# 7 │ 개발자를 만나다

## 왜 개발자가 피그마를 쓸까?

루나는 시니어 엔지니어인 로렐라이와 커피 챗 미팅을 하기 전에 질문할 것들을 미리 준비했다. 특히 개발자가 피그마를 쓰는 이유에 관해서 물어보고 싶었다. 피그마가 협업에 특화되었다지만, '디자인 툴'이라는 인상이 강했다. 그런데 어제 디자이너 단단을 만나 이야기를 나눠보니 디자인 작업을 마치면 개발자가 피그마 파일을 핸드오프하는 순서로 협업하는 것 같다.

'삐빅―'

## 에너지 넘치는 개발자를 만나다

착시 현상일까? 루나가 구글 미트에 접속하자 갑자기 화면이 환해졌다. 햇빛이 반사되어서 화면 속 금색의 곱슬머리와 눈동자가 반짝거렸다.

🧑 "하, 하이!"
루나

🧑 "헤―이, 루나! 굿 투 시 유!"
로렐라이

골든리트리버 같은 외모와 상반되는 걸걸한 목소리, 순간 노트북의 볼륨을 줄여야 할 만큼 로렐라이는 목청껏 인사를 건넸다. 어제 단단을 만났을 때는 너무 조용해서 인터넷 연결에 문제가 있는 게 아닌가 하고 착각할 정도였는데, 오늘은 정반대였다.

🧑 "로렐라이, 만나서 반가워요. 저는 서비스 디자이너 루나라고 해요."
루나

🧑 "오-예! 자비에르가 오늘 스탠드 업(stand up)에서 루나에 대해 이미 말해줬다고! 내가 뭘
로렐라이 　도와주면 될까? 코드에 관심 있어? 주로 어떤 프로그래밍 언어를 사용하지? 깃허브(GitHub)
　권한은 받았어?"

마치 거대한 골든리트리버가 달려드는 것 같은 착각에 빠질 만큼 로렐라이의 텐션은 엄청났다. 한마디 할 때마다 로렐라이의 스크린 앞으로 몸이 기울어 루나의 화면을 가득 채웠다. 루

나는 그녀의 높은 텐션에 기가 눌려 의자를 책상에서 조금씩 뒤로 밀어 떨어질 지경이었다.

> 🙂 "어… 코드를 직접 짜본 적은 없어요. 하지만 개발자분들과 잘 소통하는 방법이라면 배워보고 싶어요."
> 루나

> 🙂 "호오~ 그렇구나. 프로그래밍하고 관계없으면 오늘 왜 나를 보자고 했지?"
> 로렐라이

김이 샜는지 로렐라이는 갑자기 의자 등받이에 기대며 실망한 얼굴을 했다. 루나는 스크린 앞으로 자세를 고쳐 앉으며 준비한 질문을 던졌다.

> 🙂 "로렐라이, 제가 앞으로 4주 동안 해결해야 하는 미션이 있는데 도와줄 수 있나요?"
> 루나

> 🙂 "오! 미션 좋지!! 어떤 미션인데? 빌드 업까지 완료해야 하는 미션이야? 지라(Jira) 티켓은 썼어?"
> 로렐라이

미션이라는 소리에 흥분한 로렐라이의 목소리가 갑자기 커지는 바람에 루나는 노트북 볼륨을 한 번 더 줄여야 했다.

> 🙂 "제가 받은 미션은 케르베로스 스쿼드의 협업을 잘하도록, 프로세스를 개선하는 거예요. 미션을 해결하려면, 우선 각 멤버가 어떤 일을 하는지 그리고 서로 어떻게 협력하는지 알아야겠더라고요. 그래서 로렐라이가 주로 어떤 업무를 하는지, 다른 멤버들과 어떻게 작업하는지 알고 싶⋯."
> 루나

> 🙂 "아하, 오케이! 내 소개를 먼저 할게. 나는 로렐라이, 9년 차 시니어 소프트웨어 엔지니어야. 케르베로스 스쿼드에서는 릴리즈 툴 하데스의 개발을 담당해. 지금 알파 버전 빌드(build)는 끝났고, 테스트 중이야. 음⋯ 그리고 또 뭐가 알고 싶다고 했지?"
> 로렐라이

루나가 말을 끝내기도 전에 대답한 로렐라이는 결국 두 번째 질문을 기억하지 못했다.

> 🙂 "다른 멤버들과 어떻게 협업하나요?"
> 루나

> 🙂 "협업! 베리 굿, 단단이 디자인을 완료하면 나에게 알려줘. 그럼 내가 인스펙트 확인하고 빌드를 로켓처럼, 인크레더블! 워후~!"
> 로렐라이

로렐라이는 하늘로 높이 뻗은 두 팔, 흥을 주체하지 못하고 제스처로 대답을 마무리했다. 루나는 방금 뮤지컬의 한 장면을 봤나 싶었지만, 정신을 차리고 다시 질문을 이어갔다.

> 🙂 "단단에게 들었어요. 혹시 핸드오프는 어떤 식으로 이루어지는지 자세하게 설명해줄 수 있나요? 피그마 작업 파일에 보니까, 로렐라이가 남긴 코멘트가 종종 있더라고요."
> 루나

"아, 그건 말이지 이 파일 좀 봐."

로렐라이가 채팅 창에 피그마 파일 링크를 공유했다. 루나는 링크를 클릭했지만, 오류가 나고 말았다.

피그마 파일 오류 화면

The page you are looking for can't be found.

# 404

Figma   FigJam  Enterprise  Learn  Education  Careers  Pricing  Developers  Blog  Downloads  Releases  Security  Legal  Contact

링크할 수 있너라도 권한이 없는 파일에 접속하려고 하면 에러(error) 메시지가 뜬디.

"어? 로렐라이, 파일에 접속할 수가 없어요. 에러 화면이 뜨네요?"

"아직 파일 접속 권한이 없나? 알겠어, 지금 루나에게 파일 초대장을 보낼게, 메일을 확인 해봐."

## 파일 권한 확인하기

① 이미 파일 권한이 있는 사람들은 어떤 계정이 새로 추가 또는 대기 중인지 상태를 확인할 수 있다.
  초대 메일을 확인하지 않은 계정이 점선으로 표시된다.

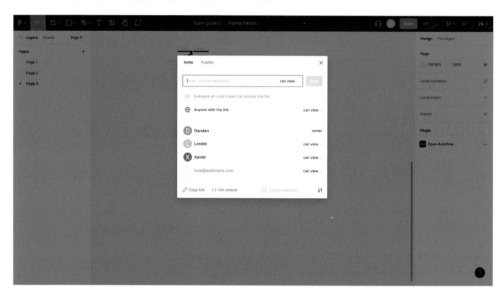

② 초대 메일을 재발송하려면 [Resend invite]를 선택한다.

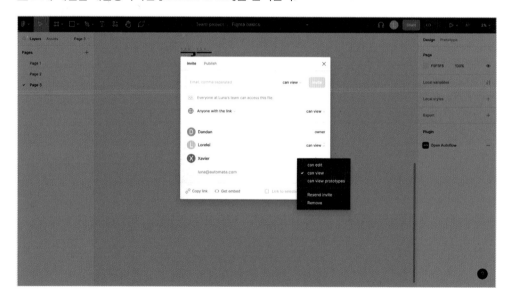

얼마 지나지 않아서 루나는 새로운 메일이 도착한 것을 확인했다.

메일이 도착하면 누가 초대했는지, 어떤 파일인지 섬네일과 함께 확인할 수 있다.

## 핸드오프, 개발자는 무엇을 볼까?

루나가 메일을 받았다고 할 새도 없이 성격이 급한 로렐라이가 자신의 화면을 공유했다.

개발자 모드가 실행된 피그마 디자인 파일

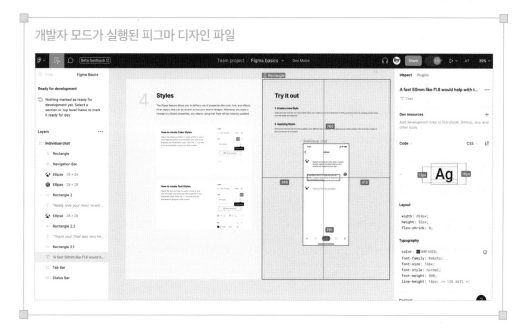

"루나, 핸드오프는 디자이너가 개발자에게 디자인 파일과 함께 이미지의 크기, 위치, 색상, 폰트 등 다양한 정보를 정리해서 전달하는 과정이라는 건 알지? 단단이 정리해준 내

용을 보자. 우선, 기본 정보는 찾기 쉬워. 프레임마다 제목이랑 설명이 문서화되어 있어서 해당 디자인이 언제 어디에 필요한지 알 수 있어."

"인스펙트 패널을 보면서 상세 정보를 참고하시는군요?"

"맞아. 그런데 말이지⋯ 가끔 단단이 설명해주지 않는 디자인이나 플로우가 있을 땐 곤란해."

로렐라이가 조금 전까지 신나게 팔을 휘두르다 갑자기 이마에 손을 짚으며 우울한 표정을 지었다.

"루나, 엣지 케이스(edge case)가 디자인 파일에 빠진 경우가 가끔 있다고! 그래서 내 아이디어를 디자인 파일에 추가했지. 디자인 핸드오프를 받은 후에 더 좋은 아이디어가 생각날 수도 있잖아? 그래서 아이디어를 디자인 파일에 추가했어. 단단한테 새로운 아이디어 좀 봐달라고 그때마다 채팅으로 요청했지. 그런데 말이야, 단단은 너~무 조용해! 콰이어트! 그러더니 어느 날 갑자기 내 피그마 권한을 보기 전용(view only)으로 바꿔버린 거야. 언빌리버블!"

"아하, 그래서 로렐라이 코멘트가 많이 달린 거군요! 코멘트 남긴 내용은 모두 단단과 리뷰하고 해결하나요?"

"메~이비? 단단이 코멘트 확인하고 디자인을 수정해줬어. 그럼 모두 오케이!"

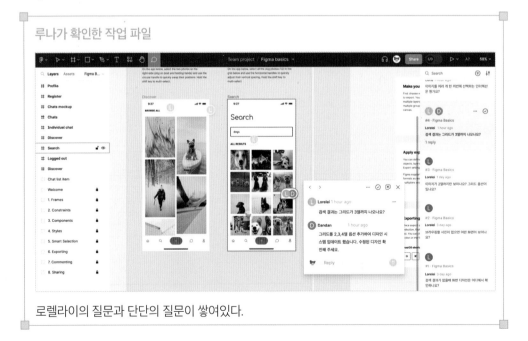

루나가 확인한 작업 파일

로렐라이의 질문과 단단의 질문이 쌓여있다.

🧑 "어라, 그럼 이미 해결된 사항의 코멘트도 그대로 남아있는 건가요? 단단이 수정 사항을 파악하려면 처리된 코멘트를 따로 분류하는 게 더 편리할 것 같은데···."

## 코멘트 정리는 어떻게 하나요?

로렐라이가 파일 권한이 바뀌어서 답답하다며 스크린을 향해 점점 다가오다 또 뒤로 물러났다. 그리고 뒷짐을 지더니 말했다.

🧑 "단단이 코멘트가 반영된 디자인을 확인한 후에는 내가 남긴 코멘트를 처리하라고 했지. 그런데 말이지 루나, 나는 심플한 게 좋아. 이미 수정했으면 미션 컴플리트! 다음으로 넘어가고 싶어. 코멘트 정리할 시간에 다른 작업을 하는 게 더 빠른걸?"

## 문제의 실마리를 찾았다

로렐라이가 또다시 뮤지컬 배우처럼 하늘을 향해 외쳤다. 루나는 이제 능숙하게 노트북 볼륨을 조절하는 수준에 다다랐다.

루나는 유진이 말했던 커뮤니케이션 문제를 떠올렸다. 로렐라이가 단단이 미처 생각하지 못한 플로우나 프로덕트 상태를 알아낸 것은 좋았는데, 발견한 '구멍'을 어떻게 채우느냐에 대해 디자이너와 개발자 사이 질차나 징책이 정의되어 있지 않았다.

🧑 "루나, 나 또 다른 미팅이 있어서 가봐야 해. 바이바이~."

🧑 "오늘 시간 내줘서 고마워요, 로렐라이!"

인사가 끝나기도 전에 로렐라이는 화면에서 사라졌다. 어제 디자이너와 이야기한 업무 내용과 연결되는 부분이 있지만, 동시에 뭔가 잘 맞지 않는 상태라는 게 느껴졌다. 루나는 두 사람의 커뮤니케이션 스타일을 존중하면서 협업하는 방법을 찾아보기로 결심했다.

# 8 | 프로덕트 매니저를 만나다

## 프로덕트 매니저가 하는 일?

케르베로스 스쿼드의 마지막 커피 챗 대상은 프로덕트 매니저 자비에르다. 프로덕트 매니저는 보통 줄여서 PM이라고 말한다. PM의 역할은 기업이 개발하는 프로덕트의 목표와 비전을 정의하고, 프로덕트 로드 맵을 설계하고, 개발 결과물이 잘 구현되도록 계획을 실행하고, 프로덕트를 만드는 팀이 집중하도록 방향을 제시하는 일을 한다.

루나는 오토마타에서 어떤 프로덕트를 개발하는지 아직 알 수 없지만, 검색 결과만 봐도 프로덕트 매니저가 담당하는 범위가 무척 넓어 보였다. 게다가, PM은 팀이 집중해서 프로덕트를 개발하도록 통솔하는 역할을 수행한다고 하는데, 각자의 개성이 뚜렷한 케르베로스 스쿼드를 자비에르가 어떻게 끌어나가는지 궁금해졌다.

PM에 대해 검색하다 보니, 어느새 커피 챗 시간이 됐다.

'삐빅-'

## 평화를 사랑하는 요가 마스터 PM

웬만한 오프닝에는 놀라지 않을 것 같았는데, 루나는 이번에도 당황했다. 화면에 나타난 자비에르는 요가 매트 위에서 한 발로 선 채 두 손을 모으고 완벽한 '나무 자세(브룩샤사나)'를 뽐냈다. 너무나 평화로워 보이는 표정으로 눈을 감고있는 자비에르를 향해 루나는 인사를 던졌다.

👩 "자비에르, 반가워요!"
루나

편안한 차림의 자비에르는 천천히 눈을 뜨더니 노트북 앞으로 다가왔다.

🧑 "만나서 반가워요. 맑은 정신으로 루나를 만나고 싶어서 잠시 수련 중이었어요. 단단과
자비에르   로렐라이를 만났죠? 어땠나요?"

루나는 케르베로스 스쿼드의 디자이너와 개발자를 만나서 느낀 점과 그들이 현재 어떤 문제를 겪는 것 같은지 자비에르에게 털어놓았다.

## 간단한 시각화 작업에 적합한 피그잼

"짧은 시간 안에 잘 파악했네요! 프로덕트 로드맵에 정한 일정보다 런칭일이 늦어질 위기에 처했어요. 하데스에서 예상하지 못한 에러가 여러 개 발생하는 바람에 테스트 목표를 달성하지 못했거든요."

"자비에르, 프로덕트 로드맵은 어떻게 관리하나요? PM으로서 케르베로스 스쿼드와 어떤 작업을 하는지 궁금해요."

"그럼요! 저는 피그잼을 사용해서 프로덕트 로드맵 초안을 만들어요. 그리고 케르베로스 멤버들과 함께 리뷰하며 개발 일정을 조율하죠."

자비에르가 작성한 로드맵 초안

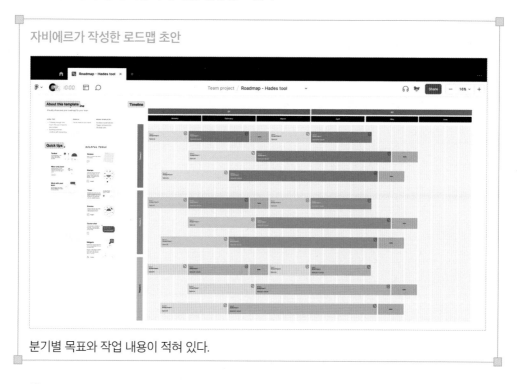

분기별 목표와 작업 내용이 적혀 있다.

"잠깐만요, 피그잼은 피그마와 다른 프로그램인가요? 단단과 로렐라이가 보여준 피그마 파일과 인터페이스가 다르네요?"

"아하! 피그잼 사용이 처음인가 봐요. 피그잼은 피그마에서 제공하는 파일 종류예요. 디자이너와 개발자는 인터랙티브한 프로토타입을 제작하다 보니 정밀한 작업을 하는 피그마 디자인 파일을 이용해요. 하지만 PM으로서 작업하는 시각화 자료는 여러 이해관계자에게 의미를 전달하는 수준의 다이어그램에 가까워 정밀한 디자인까지는 필요 없어요. 저처럼 단순하고 간단한 시각화 작업만 필요한 사람들을 위해 피그잼이 생긴 것 같아요."

"피그잼 파일을 저도 만들어보고 싶은데, 어떻게 하는지 알려줄 수 있나요?"

"그럼요!"

## 피그잼 새 파일 만들기

1 피그마 홈 우측 상단 메뉴에서 <FigJam board> 버튼을 클릭한다.

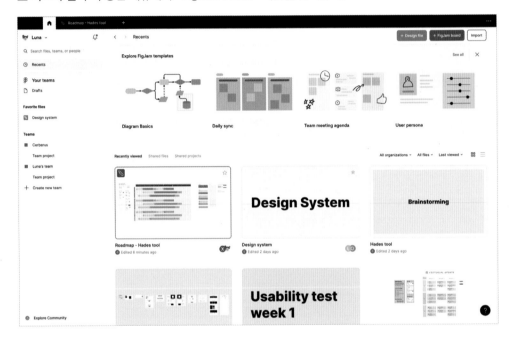

2 피그잼 새 파일이 생성된다.

## 작업 시간을 단축하는 템플릿

자비에르가 새 피그잼 파일을 만들자 반투명 상태의 다이어그램이 화이트보드에 나타났다.

피그잼 템플릿

🧑 "어? 자비에르가 아까 보여준 로드맵 스케치랑 비슷한 자료가 보여요. 그런데 왜 반투명 상태죠?"

🧑 "아하, 굿 캐치! 이건 피그마에서 미리 제작해서 제공하는 템플릿이에요. 반투명인 이유는 아직 템플릿을 확정하지 않았기 때문에 미리보기로만 보여주는 상태기 때문이에요. 마우스 오버해서 여러 템플릿을 구경하다가 가장 필요한 것을 선택하면 돼요. 개발 작업 요청 파일을 문서로 작성하는 작업은 익숙하지만, 개발에 필요한 로직이나 타임라인을 시각 자료로 만드는 작업은 어렵더라고요. 그래서 피그잼에서 제공하는 템플릿을 자주 사용해요."

자비에르가 소개해준 템플릿 종류를 살펴보니 간단한 일정 짜기부터 브레인스토밍, 와이어프레임까지 다양한 시각화 작업이 가능한 자료가 많았다. 루나는 자비에르가 왜 피그잼을 사용하는지 이해했다. 제공된 템플릿을 사용하면 시각화 작업에 서툰 사람도 쉽게 문서를 만드는 게 가능하니까 다른 사람들과 소통하면서 시각 자료를 실시간으로 수정할 수 있고 복잡한 피그마 디자인 파일보다 부담 없이 사용할 수 있었다.

"피그잼을 활용하면 저도 다양한 작업을 할 수 있을 것 같아요! 소개해줘서 고마워요, 자비에르. 질문이 하나 더 있는데 물어봐도 되나요?"

"당연하죠, 뭐든지 물어보세요."

"케르베로스 스쿼드가 현재 겪는 문제 중에 가장 시급한 게 뭔가요? 제가 자비에르를 어떻게 도우면 좋겠어요?"

"질문해줘서 고마워요! 단단과 로렐라이를 만나봐서 알겠지만, 둘의 작업 실력이나 열정은 정말 뛰어나요. 다만, 서로 호흡을 맞춰서 작업하는 방법을 찾았으면 좋겠어요. 케르베로스 스쿼드는 2주마다 프로덕트 레트로(retro) 미팅을 해요. 지난 2주간 어떤 점이 잘 진행되었는지, 개선이 필요한 부분이 무엇인지 기록해요. 레트로 파일 링크를 보내줄게요."

"지금 레트로 피그잼 파일을 열었어요. 저도 같이 볼게요!"

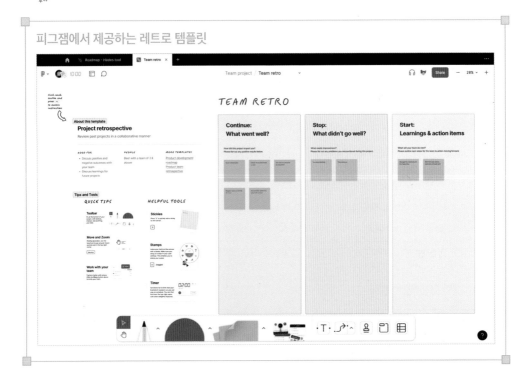

피그잼에서 제공하는 레트로 템플릿

"PM으로서 스쿼드가 모멘텀(momentum)을 잃지 않고 런칭일까지 무탈하게 작업을 진행하고 싶은데, 아무래도 우리가 어떻게 작업하는지 엔드투엔드(end-to-end) 프로세스를 점검하는 게 좋을 것 같아요. 제품 개발 과정의 어떤 부분에서 스쿼드 멤버들이 호흡을 맞춰야 하는지 찾을 수 있을까요?"

루나는 지난 이틀간 발견했던 문제점에 대해 확신이 들었다. 자비에르가 말한 것처럼, 서로 다른 역할을 수행하는 멤버들의 프로세스를 한눈에 볼 수 있도록 정리해보면 어떤 부분에서 불협화음이 나는지 찾을 수 있을 거라 생각했다.

🧑 "저도 동의해요! 지금까지 어떻게 작업했는지 과정을 정리해보고, 더 나은 방향으로 개선하는 방법을 같이 고민해야겠어요."

😀 "오토마타는 수평적인 구조라서, 별도의 라인 매니징(line managing)이 없어요. 각 스쿼드의 문화와 룰을 만들고 성장하는 게 원칙이죠. 저는 케르베로스 스쿼드가 강력한 기술력이 있다고 믿어요. 서로 원활하게 협업한다면 분명히 좋은 결과가 있을 거예요."

지난 3일에 걸쳐 만난 케르베로스 스쿼드는 개성이 뚜렷하고 업무에 대한 열정이 뜨거운 조직이라고 루나도 느꼈기에 고개를 끄덕였다. 만족스럽게 미팅을 마무리하려는데 자비에르가 갑자기 생각난 듯 물었다.

😀 "참, 루나! 온보딩 멘토와는 어떻게 지내요? 이상한 점은 없었나요?"

🧑 "유진이 도와준 덕분에 이번 주 커피 챗을 무사히 완료했어요. 미션도 잘 설명해주었고요! 유진 덕분에 수월하게 시작한 것 같아요. 딱히 이상한 점은 없었는데, 어떤 걸 물어보시는 건가요?"

😀 "하하, 잘됐네요! 제 질문은 신경 쓰지 않아도 돼요, 그냥 궁금해서요! 루나, 입사하자마자 미션을 받아서 매우 바쁘죠? 도움이 필요할 땐 주저하지 말고 메일 보내요."

자비에르의 인자한 미소 때문인지 루나는 어느새 자기도 모르게 두 손을 곱게 모으고 '나마스테' 자세로 인사하고 말았다.

루나의 온보딩, 첫 주 커피 챗 미팅이 모두 끝났다.

# 9 | 혼자 먹는 점심

긴장 반, 설렘 반으로 시작했던 입사 첫날을 지나 어느새 한 주를 마무리하는 금요일이 되었다. 루나는 지금까지 커피 챗을 하면서 적어두었던 노트를 다시 열어보았다. 포스트잇에 적은 것도 있고, 급한 마음에 랩톱의 노트 앱으로 적어둔 것도 있다. 시간의 흐름대로 하나씩 찬찬히 다시 읽어보았다.

> 🙂 "영어로 소통하고, 받아 적고, 어이구~ 고생했다 이루나! 내용이 많으니까 정리가 필요할 것 같은데 오랜만에 어피니티 맵(affinity map)을 만들어볼까?"

어피니티 맵은 루나가 유학할 때 배운 데이터 분석 및 정리 방법인데, 정성적 데이터를 관찰하여 서로 의미 있는 것끼리 묶고 상위 개념으로 지정한다.

> 🙂 "다음주 월요일에 유진을 만나니까 그때까지 어피니티 맵을 완성하면 딱 좋겠는걸? 이왕 정리하는 거, 피그마로 매핑해볼까?"

## 🔵 어피니티 다이어그램

루나는 호기롭게 피그마를 열었다. 새로운 파일을 만들려면 피그마 디자인 파일과 피그잼 파일 둘 중 하나를 정해야 한다. 간단한 노트를 빠르게 옮기는 작업이 필요하니까, 루나는 피그잼이 적합하다고 판단하고 새 파일을 만들었다.

피그잼 파일 하단의 툴바 메뉴

- **Select \<V>**: 오브젝트를 선택할 때 쓰는 마우스 포인터
- **Hand \<H>**: 캔버스에 포함된 오브젝트를 선택하지 않고 이동할 때 쓰는 포인터
- **Marker \<M>**: 하이라이터, 테이프, 지우개 등
- **Shapes \<O>**: 도형 오브젝트 종류를 선택, 캔버스에 드래그 앤드 드롭하여 사용

- Sticky note <S>: 포스트잇
- More: 스티커, 템플릿, 위젯, 플러그인 등을 추가할 때 사용
- Text <T>: 텍스트 입력
- Connector <X>: 오브젝트를 연결할 때 사용, 꺾인선과 직선 두 가지 스타일 중 선택
- Stamp <E>: 스탬프와 리액션
- Section <Shift> + <S>: 캔버스에 섹션을 생성
- Table <Shift> + <T>: 캔버스에 표 삽입

루나는 텍스트 입력 버튼을 클릭한 후 어피니티 다이어그램 만드는 순서를 적었다.

어피니티 다이어그램 만드는 순서

## 포스트잇 추가

이번에는 포스트잇을 추가했다.

### 포스트잇 사용하기

포스트잇은 색상, 폰트 크기, 스타일을 바꿀 수 있다. <show/hide author> 버튼을 통해 포스트잇 작성자 표시 여부도 선택할 수 있다.

랩톱 노트로 작성한 메모와 손으로 필기한 내용을 부지런히 피그잼 포스트잇에 옮겨 적었다.

> 🧑 "모든 메모를 포스트잇으로 만드니까 한결 보기 편해졌네? 이제 비슷한 녀석들끼리 묶어 보자."

하나씩 포스트잇을 읽으면서 비슷한 내용의 포스트잇을 마우스 클릭, 드래그하여 가까운 위치로 변경했다. 각 그룹의 상위 개념을 설명하는 제목을 붙이려는데 포스트잇 그룹 간의 간격이 너무 좁았다. 하나씩 개별적으로 옮기다 보니 포스트잇 배열이 삐뚤거렸다.

> 🧑 "시간이 생각보다 오래 걸리는데? 더 단정하게 정돈할 수 없을까?"

루나는 우선 한두 개의 포스트잇을 마우스로 선택한 다음, 개별적으로 정렬하는 방법으로 정리하기 시작했다.

## 포스트잇 수동 정렬하기

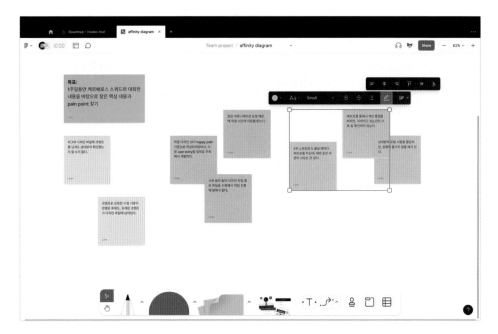

위치를 정렬하려고 <Shift> 키를 누른 채 여러 개의 포스트잇을 선택하면 정렬을 맞추는 버튼을 사용할 수 있다.

반복된 작업이 지겨워질 무렵, 포스트잇을 여러 개 선택하면 나타나는 툴바에서 9개의 사각형이 열을 맞춰 정렬된 것처럼 보이는 버튼을 발견했다. 루나는 호기심에 이끌려 버튼을 클릭했다.

## 포스트잇 자동 정렬하기

① 포스트잇 자동 정렬 버튼을 클릭해보자.

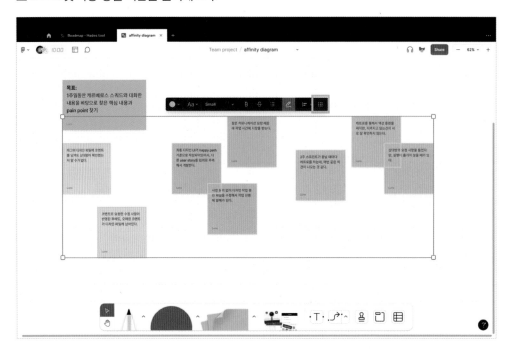

② 다음은 자동 정렬이 완료된 모습이다.

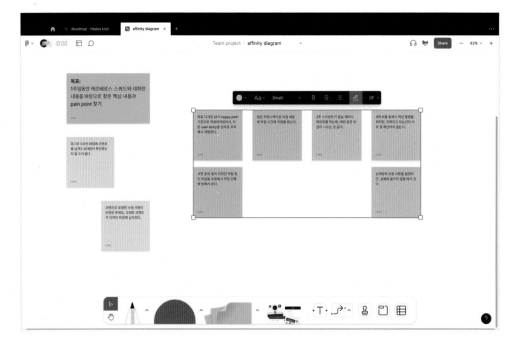

루나가 버튼을 클릭하니 선택했던 포스트잇들이 알아서 간격을 맞춰 정렬됐다. 아까부터 수동으로 작업하고 있었는데 한 번에 해결해주는 정렬 기능을 우연히 찾아낸 것이다.

모든 노트를 그룹으로 묶고 이름을 붙이며 어피니티 맵을 제작하다 보니, 어느새 점심시간이 됐다. 루나는 가장 좋아하는 메뉴인 참치마요 샌드위치를 배달 주문하고 작업을 계속 이어갔다.

## 선 긋기

😺 "그룹끼리도 연관성이 있네? 서로 연결된다는 점을 보여주고 싶은데, 선을 긋는 방법엔 어떤 게 있을까?"

루나는 피그잼 보드 하단의 툴바를 이것저것 눌러보았다.

피그잼 선 그리기 툴

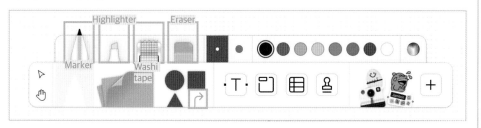

- **Marker \<M>**: 자유롭게 선을 그릴 수 있다. 다만 손 떨림이나 흔들림이 모두 표현되므로 지저분해 보인다는 단점이 있다.
- **Highlighter \<Shift> + \<M>**: 마커와 비슷한 기능. 투명도가 높아서 오브젝트를 가로질러 선을 그렸을 때도 해당 내용을 볼 수 있다.
- **Washi tape \<W>**: 데코 테이프 또는 마스킹 테이프처럼 꾸미는 용도로 사용한다.
- **Eraser \<Shift> + \<Delete>**: 그렸던 선이나 테이프를 지울 수 있다.
- **Connector \<X>**: \<Straight line>과 \<Connector>가 있다. 선을 다른 개체와 연결할 수 있다. 선택한 개체 가장자리에 마우스 포인터를 가져가면 상하좌우에 화살표를 연결하는 점이 나타난다. 연결된 개체들은 위치를 바꿔도 화살표가 계속 따라다녀 따로 수정할 필요가 없다는 장점이 있다.

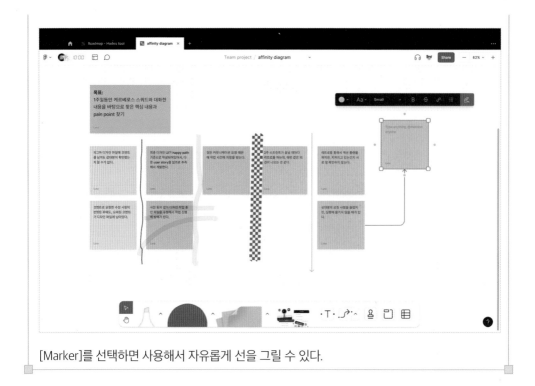

[Marker]를 선택하면 사용해서 자유롭게 선을 그릴 수 있다.

"딩동! 배달이요!"

포스트잇 그룹들을 선으로 연결하는 작업이 마무리될 즈음, 완벽한 타이밍에 점심 식사가 도착했다. 루나는 갓 만든 참치마요 샌드위치 포장을 뜯으며 랩톱 화면을 응시했다.

## 도형 활용

포스트잇끼리 연결된 피그잼 작업 공간을 보다가, 가장 중요하다고 생각하는 내용을 강조하기로 했다. 단순한 모양의 도형을 사용해서 어떤 점이 중요한지 보여주고 싶은데, 피그잼에서 도형은 어떻게 추가할 수 있을까?

루나는 다시 화면 하단 툴바를 살펴봤다. 동그라미와 세모가 그려진 버튼을 클릭하자, 여러 가지 도형을 선택하는 상세 툴바가 나타났다.

## 도형 및 커넥터를 선택하는 메뉴

루나가 원하는 표현은 화이트보드에 빨간 펜으로 동그라미를 그리는 것처럼 시각화하는 것이다.

그런데 도형을 추가하니 항상 색상이 채워진 동그라미만 나타났다. 어떻게 할까?

① 오브젝트를 추가한 후 색상, 도형 종류, 테두리 선택 여부 등을 선택할 수 있다.

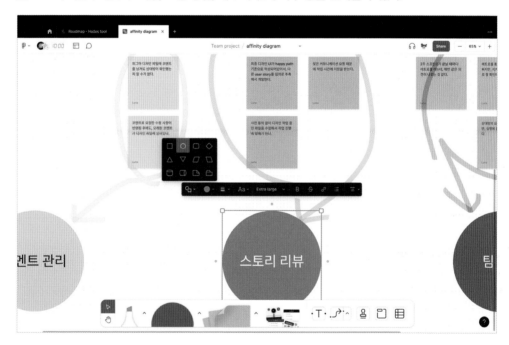

② 이때 도형 칠하는 방법에는 세 가지가 있다.

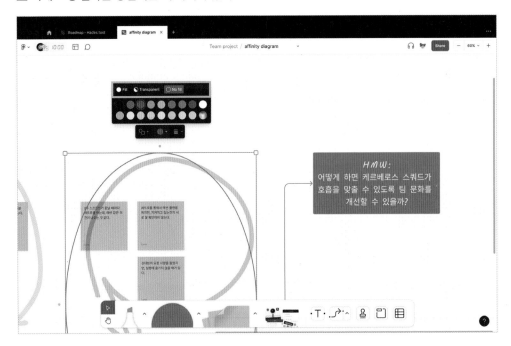

❶ 채우기(fill)

❷ 반투명(transparent)

❸ 비우기(no fill)

루나는 가장 중요하다고 생각한 그룹에 커다랗게 빨간 동그라미를 그린 후 '어떻게 하면 우리가 ~할 수 있을까?(How Might We, HMW)' 형식의 질문으로 전환했다. HMW 질문은 디자인 사고에서 쓰이는 방법의 하나인데, 발견한 문제점을 열린 시각으로 보도록 도와주는 역할을 한다. 루나는 HMW 질문을 유진과 논의하고 싶어서 직사각형 개체를 만들어 추가했다.

'어떻게 하면 우리가 케르베로스 스쿼드의 제품 개발 과정을 이해할 수 있을까?'

'어떻게 하면 우리가 호흡을 맞춰 테스트를 성공적으로 통과할 수 있을까?'

'어떻게 하면 우리가 핸드오프 과정에서 발생하는 질문과 답변을 누락 없이 관리할 수 있을까?'

루나는 일주일 내내 새로운 환경과 사람들 사이에서 적응하느라 바빴다. 그제야 마음이 놓였다. 생각의 흐름대로 피그잼을 사용해서 척척 데이터를 정리하다 보니, 자료 정리도 수월하고 결과물 자체가 유진과 공유해도 문제없을 만큼 시각적으로 설명이 잘되었다.

루나는 손으로 하나씩 노트한 내용을 벽에 붙이고, 화이트보드를 여러 번 지우며 진행했던 작업을 피그잼으로 한 번에 끝내 금요일 업무를 만족스럽게 마무리했다.

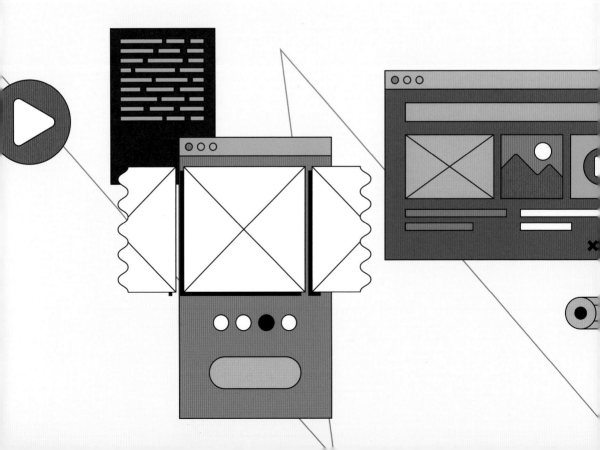

# Q. 팀플레이를 계획하자

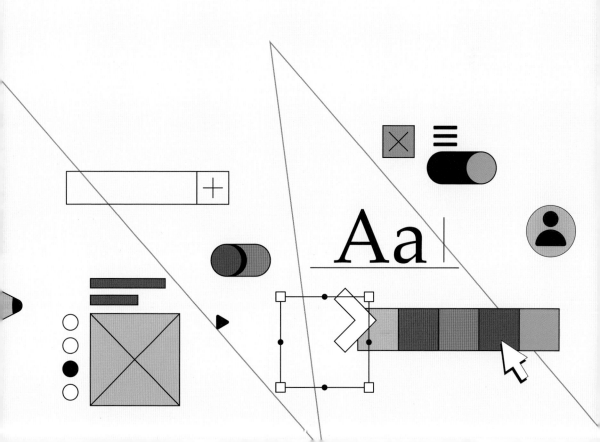

# 1 | 스쿼드를 위한 모양 잡기

월요일 아침, 루나는 업무용 랩톱을 열어 캘린더를 확인해보았다. 입사한 지 아직 1주일 차, 캘린더가 널널하다. 오후에 유진과 두 번째 온보딩 미팅이 있다.

👤 "좋아! 일주일 동안 어떤 작업을 했는지 유진에게 보여줄까?"
루나

루나는 피그잼으로 정리한 어피니티 다이어그램을 다시 읽어보며, 지난주에 케르베로스 스쿼드 멤버들과 만나 대화한 내용을 빠르게 복습했다. 홀가분한 마음으로 점심시간을 즐기고 돌아온 루나. 랩톱을 열자 유진과의 두 번째 미팅을 알리는 알림이 떴다. 루나는 미팅 입장하기 버튼을 클릭했다.

## 🔄 두 번째 온보딩 멘토 미팅

👤 "루나, 주말 잘 보냈나요? 그럼 지난주에 어떤 일이 있었는지 이야기해볼까요?"
유진

루나는 자신 있게 지난주에 있었던 일을 설명했다. 버추얼 커피 타임을 가지면서 단단, 로렐라이 그리고 자비에르가 어떻게 스쿼드 멤버로서 일하는지 배웠고 그들이 불편함을 솔직하게 말해주어서 팀의 개선 사항을 찾는 데 도움이 될 것 같다고 이야기했다.

👤 "유진, 제가 잠깐 화면 공유할게요. 정리한 피그잼 파일을 보여주고 싶어요."
루나

## 피그잼으로 정리한 어피니티 다이어그램

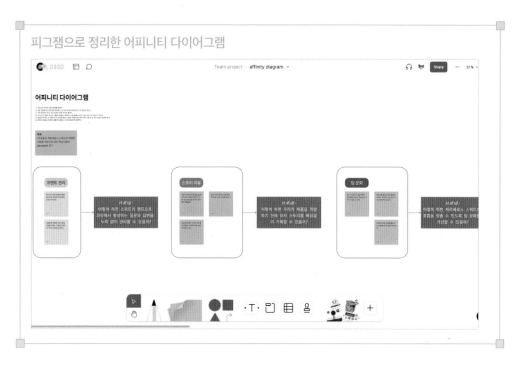

루나는 HMW 질문을 유진과 함께 검토했다. 따로 정리하지 않고 생각의 흐름대로 다이어그램과 노트를 작성했더니 화면 여기저기 펼쳐진 자료를 찾으려고 마우스를 계속 움직여야 했다.

👩‍🦰 유진 "루나, 조금 전 화면으로 돌아가줄래요? 노트한 내용을 다시 읽어보고 싶어요."

👩 루나 "네? 어떤 부분이죠? 제가 마우스 포인터를 움직일 테니까 유진이 찾는 부분이 보이면 말해주세요!"

👩‍🦰 유진 "왼쪽, 아니, 오른쪽 아래?"

눈으로 쫓아가기 어렵게 휙휙 움직이는 화면 때문인지 유진은 계속 헤맸다.

👩‍🦰 유진 "루나, 이 파일의 링크를 공유해줄래요? 그러면 제가 루나의 마우스 포인터를 〈Spotlight me〉로 이동시킬게요."

## 스포트라이트 기능

❶ 피그잼 파일 우측 상단 온라인 상태 확인 영역 클릭
❷ 자신의 계정을 클릭
❸ <Spotlight me> 버튼 클릭

하나의 작업 보드에 여러 가지 자료와 정보가 흩뿌려진 경우, 미팅에 참여한 사람이 어디를 봐야 할지 모르고 헤맬 수 있다. 모든 사람이 같은 부분을 집중해서 보길 원한다면, 한 사람이 대표로 스포트라이트(spotlight) 기능을 사용하여 자신의 마우스 포인터가 향하는 곳으로 모든 사람의 포인터를 가져올 수 있다.

## 팔로워 시점

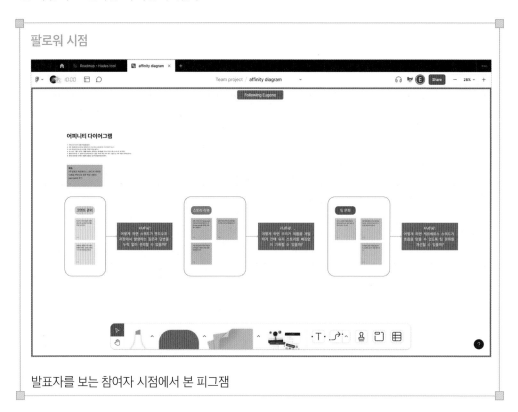

발표자를 보는 참여자 시점에서 본 피그잼

루나가 유진에게 링크를 전달하자, 유진이 파일 상단 접속 리스트에 떴다. 그리고 유진이 가리키려던 화면으로 갑자기 전환됐다. 유진이 자신에게 스포트라이트를 적용하여 루나의 스크린 뷰를 이동시켰기 때문이다.

> 🧑 "개발자와 디자이너 사이의 피그마 코멘트를 관리하는 방법에 대해 적은 부분이 흥미롭네요. 이 부분을 조금 더 자세히 설명해줄래요?"

유진이 마우스 포인터로 포스트잇 주변을 가리켰다. 루나는 단단과 로렐라이가 했던 이야기를 요약해서 배경 설명을 덧붙였다. 많은 포스트잇 중에서 어떤 부분에 관해 이야기하고 싶은지 콕! 짚을 수 있는 스포트라이트 기능 덕분에, 유진과 군데군데 더 자세하게 집중했다.

> 🧑 "툴이랑 한결 친해진 것 같아서 보기 좋아요. 루나, 이번 주는 어떤 계획이 있나요? 그리고 제가 도울 일이 있을까요?"

> 🙂 "이번 주에는 이해관계자 맵(stakeholder map)이랑 프로세스 맵(process map)을 만들려고 해요."

루나는 두 가지 맵을 사용해서 케르베로스 스쿼드와 주변 이해관계자들을 이해하고, 전체적인 업무 프로세스 과정을 확인할 계획이라고 유진에게 설명했다.

> **》TIP**
>
> **이해관계자 맵이란?**
>
> 서비스 또는 제품에 관심이 있는 모든 사람의 관계를 하나의 시각 자료로 표현하는 것을 이해관계자 매핑이라고 합니다. 맵을 그릴 때 해당 서비스 또는 제품 프로젝트를 중심에 두고, 영향을 가장 많이 끼치는 사람부터 관심이 있는 정도에 따라 배열합니다. 이해관계자 맵을 그리면 프로젝트와 관계있는 사람들을 쉽게 파악하고 수월하게 소통할 수 있습니다.
>
> **프로세스 맵이란?**
>
> 프로젝트를 관리할 때 명확성을 높이는 시각 자료입니다. 작업 과정을 시각화하는 것을 프로세스 매핑이라고 합니다. 해당 프로젝트와 관련된 사람들이 언제, 어떻게 상호 작용하는지 시각적으로 정리할 수 있을 뿐만 아니라 기존 프로세스를 분석하고 개선 사항을 찾을 수 있습니다.

> 🧑 "매핑을 통해서 전체적인 관계와 과정을 이해한다? 루나, 좋은 생각이네요! 스쿼드 멤버들도 볼 수 있으면 좋을 텐데, 피그잼으로 작업할 건가요?"

> 🙂 "네! 이해관계자 맵을 피그잼으로 만들고 싶은데, 틀은 그대로 두고 그 위에 포스트잇이나 도형을 얹고 싶어요. 도형을 추가하니까 자꾸 맨 처음에 만든 도형들이 선택되더라고요."

🧑 "루나, 방법이 있어요. 피그잼에서 특정 개체를 고정하고 싶을 땐, 섹션(section) 로크(lock) 기능을 사용하세요."

섹션은 피그잼의 가장 기본 단위 컨테이너다. 다른 디자인 툴의 '아트 보드'와 비슷한 개념으로 피그마 디자인 파일의 프레임(frame)처럼 디자인 요소를 담는 '틀'을 말한다. 섹션의 크기를 지정하여 생성할 수 있고, 섹션을 만든 후에도 크기나 비율을 자유롭게 변경할 수 있다.

섹션 단위로 디자인 요소를 관리하면 편리하다. 다른 섹션들과 배열할 경우, 틀 속의 디자인 요소를 개별적으로 이동하지 않고 섹션 전체를 선택하여 옮길 수 있기 때문이다.

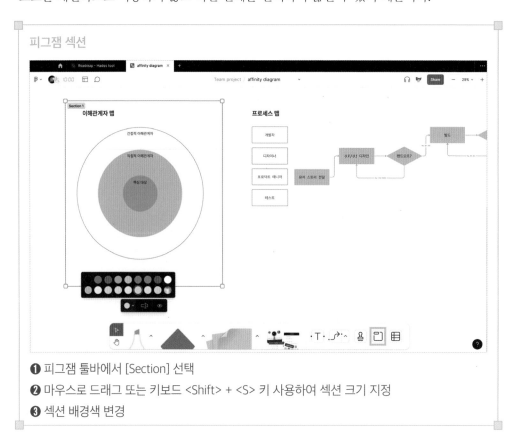

❶ 피그잼 툴바에서 [Section] 선택
❷ 마우스로 드래그 또는 키보드 <Shift> + <S> 키 사용하여 섹션 크기 지정
❸ 섹션 배경색 변경

섹션을 지정하여 디자인 요소를 관리하더라도 섹션 속에서 디자인 요소를 이동시키다 보면 원하지 않는 개체가 함께 선택되는 상황이 생긴다. 여러 도형이 겹치거나 가까이 배치된 경우에 흔히 일어나는 상황이다. 특정 디자인 요소를 고정해두고 싶다면 로크(lock) 기능으로 위치를 고정할 수 있다. 반대로, 기존에 고정해둔 요소를 수정하고 싶을 때는 언로크(unlock) 기능을 사용하면 된다.

# 로크 기능 사용해보기

① 디자인 요소를 선택한 후 마우스 오른쪽 클릭한 후 [Lock/Unlock] 메뉴를 선택한다.

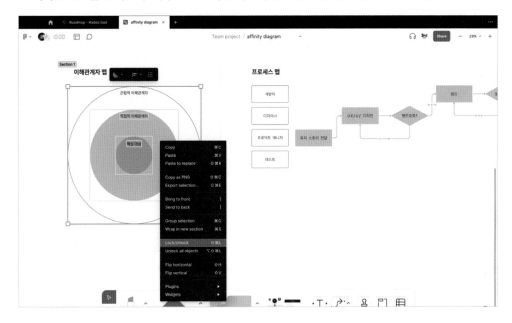

② 고정되면 자물쇠 표시가 나타나며, 반대로 자물쇠 아이콘을 클릭하면 로크가 해제된다.

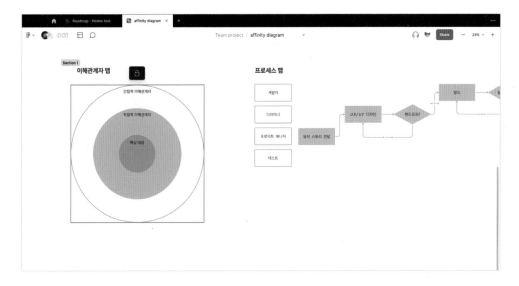

루나는 피그잼 파일을 새로 생성한 후 유진이 알려준 섹션과 로크 기능을 연습했다. 매핑은 기본적으로 틀을 만들고 고정만 하면 되는 작업이라서 알려준 기능을 사용하니 금방 원하는 파일을 만들 수 있었다.

> 🧑 "유진 고마워요! 정확하게 제가 찾던 기능이에요. 이제 혼자 작업할 수 있을 것 같아요."

> 🧑 "도움이 되었다니 다행이네요. 루나, 매핑 작업이 끝나면 이번 주 중에 다시 한번 만날까요? 결과물이 궁금하기도 하고 맵을 완성한 후에 어떤 작업을 할지 논의하고 싶어요."

> 🧑 "네, 좋아요! 이번 주 수요일에 만날까요?"

> 🧑 "Sounds great! 제가 미팅 초대장을 보낼게요."

유진이 보낸 'check-in' 초대장이 도착했다. 루나는 두 번째 온보딩 미팅을 종료하고 이번 주 동안 할 일을 적었다. 이해관계자 및 프로세스 맵을 완성하려고 개별 작업하고, 만약 모르는 점이나 물어볼 게 있으면 스쿼드 멤버들과 개별적으로 미팅이나 채팅하기로 했다.

> **》TIP**
>
> 로크/언로크된 디자인 요소는 시각적으로는 다른 디자인 요소들과 구별되지 않습니다. 만약 어떤 요소가 로크로 고정되었는지 알고 싶다면 마우스 포인터로 드래그하여 해당 영역의 모든 디자인 요소를 선택하면 됩니다. 선택되지 않는 디자인 요소는 로크로 고정된 상태이므로, 수정하고 싶다면 해당 요소에 마우스 포인터를 가져가서 오른쪽 클릭한 후 [Unlock]를 선택하세요.

## 🌗 이해관계자 맵

온보딩 멘토 유진과 만난 다음 날, 루나는 새로운 피그잼 파일을 만들었다. 케르베로스 스쿼드가 개발 중인 하데스 툴을 중심으로 어떤 사람들이 연결되는지 시각적으로 정리하기 시작했다.

이해관계자 맵 만드는 순서
1. 섹션을 만든다.
2. 섹션 제목을 '이해관계자 맵'으로 바꾼다.
3. 툴바에서 [Shape] 메뉴를 선택한다.
4. 원 도형을 선택한다.
5. <Shift> 키를 누른 채 원을 3개 그린다.
6. 원의 위치를 가운데 정렬한다.
7. 3개의 원 도형을 모두 선택한 후 우클릭하여 [Lock]를 선택한다.

8. 섹션에 도형이 고정되었는지 확인한다.

9. 완성된 이해관계자 맵 틀 위에 포스트잇 또는 도형을 추가한다.

🐼 "하데스랑 가장 가까운 사람들은 케르베로스 스쿼드 멤버들일 거야. 그럼 또 다른 이해관
루나   계자들은 누가 있을까? 자비에르에게 물어보자!"

루나는 어떤 방법으로 대화할지 고민하다 메신저로 물어보기로 했다. 짧은 질문이라서 메신
저로도 원하는 정보를 충분히 얻을 수 있을 것 같았기 때문이다.

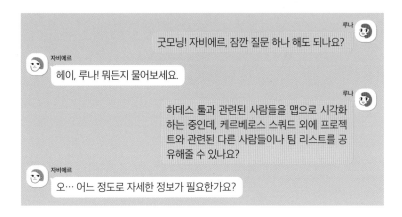

스쿼드 안팎으로 누구와 협업이 이루어지는지 알고 싶어 간단한 정보만으로도 충분했다. 그
래서 루나는 지금 작업 중인 피그잼 파일 링크를 공유하며 설명을 덧붙였다.

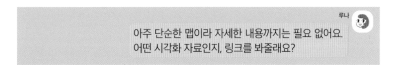

링크를 보내고 얼마 지나지 않아 루나는 피그잼 파일에 자비에르 프로필이 뜨는 것을 확인했
다. 링크를 클릭해서 파일을 훑어보는 중인 것 같다.

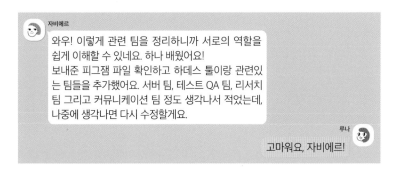

순식간에 루나가 원하는 정보를 얻었다. 상대방이 바로 작업 파일에 원하는 정보를 업로드해주어 따로 작업할 것도 없었다. 자비에르의 이름이 적힌 포스트잇을 보면서, 루나는 오토마타의 커뮤니케이션 스타일이 신속하고 실시간으로 이루어진다고 생각했다.

자비에르가 소개해준 팀들을 조금 더 조사하려고 회사 내부 문서들을 확인하며 이해관계자맵에 설명을 덧붙였다. 루나는 케르베로스 스쿼드가 하데스를 개발하기 위해 함께 일하는 팀에 대해 더 자세히 알게 되어 다음 단계로 넘어가기로 했다.

## 팀 내부 작업 프로세스 매핑

여러 명이 힘을 합쳐 팀으로 작업할 때는, 각자의 역할과 작업 과정을 정하고 진행해야 서로어떤 일을 하는지 이해할 수 있다. 매일 하는 업무를 굳이 작업 과정까지 정리해야 하나? 질문하는 사람들도 있지만, 루나는 프로세스 맵 작성을 중요하게 여기는 쪽이다.

프로젝트에 따라 작업 방식이 바뀔 수도 있다. 팀의 구성이 동일하더라도, 프로젝트의 크기, 타임라인, 리더십 스타일 등, 여러 가지 요소가 작업 과정에 영향을 끼친다. 그래서 루나는 매프로젝트를 시작할 때 협업 과정을 프로세스 맵으로 정리하고, 이해관계자들과 리뷰하는 시간을 가졌다.

> 🙂 "유진이 말하길 케르베로스 스쿼드가 함께 협업한 지 오래됐다고 했지만, 오히려 오랫동안 같이 일하다 보니 따로 시간을 들여서 자신들의 작업 프로세스를 리뷰할 기회가 없었던 것 같아. 프로세스 맵으로 각 스쿼드 멤버의 역할과 작업 내용을 정리하면 서로 협업하는 부분이 어딘지 확인할 수 있겠는데?"

루나는 프로세스 맵을 다섯 단계로 나눠서 작성해보기로 했다. 이때, 통합 모델링 언어(Unified Modelling Language, UML)는 시스템의 상호 작용을 나타내는 기호를 지정하여 프로세스의주요 요소를 나타낸다.

프로세스 맵 만드는 순서
1. 매핑 주제 정하기
2. 주제와 관련된 인물, 팀, 작업 목록 작성하기
3. 작업 순서대로 배열하기
4. 통합 모델링 언어를 사용하여 다이어그램 그리기
5. 프로세스 맵 완성

루나는 프로세스 매핑에 필요한 도형들을 정리하는 섹션을 하나 추가했다. 그리고 바로 옆에 큰 섹션을 하나 만들어서 본격적인 맵 작업에 들어갔다.

## 프로세스 맵 만들어보기

[1] 섹션을 만든다.

❶ 섹션 제목 'UML legend'로 수정

❷ UML 도형, 설명 텍스트 추가

❸ 두 번째 섹션 추가

❹ 섹션 제목 '프로세스 맵'으로 수정

② 각 업무 시나리오별 흐름도를 만든다.

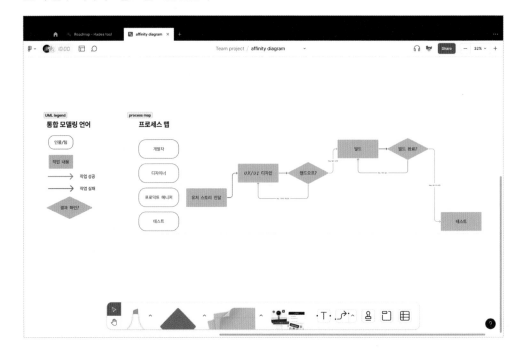

③ 여러 도형을 계속 화살표로 연결해야 할 때는 다음과 같이 처리한다.

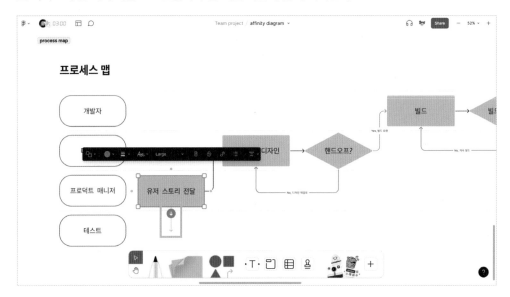

❶ 도형의 가장자리로 마우스 포인터를 가져간다.

❷ 도형 가장자리에 나타나는 핸들 중 진행 방향에 맞는 핸들을 선택한다.

❸ 연결할 다음 도형을 선택한다.

루나는 프로세스 맵을 스케치하면서 중간중간 로렐라이와 단단에게 메시지를 보냈다. 자비에르한테 물어봤던 것처럼, 실시간으로 짧은 질문을 주고받으면서 이해가 부족했던 업무 프로세스도 자세하게 다이어그램으로 만들 수 있었다.

🐶 "오케이, 완성!"
루나

루나는 피그잼의 단순한 도형과 화살표만으로 스쿼드 멤버들의 업무 흐름과 이해관계자들을 시각화해 결과물이 꽤 만족스러웠다. 쉼 없이 이틀에 걸쳐 매핑 작업을 했더니, 어느덧 화요일 저녁이었다. 수요일에 유진과 만나기로 했으니까, 루나는 미리 다음 단계에 대해 대략적인 계획을 짜고 싶었다.

현재 상황을 분석하는 시각 자료가 완성됐으니, 이제 분석한 내용을 바탕으로 개선된 업무 흐름과 이해관계자 협업을 고민해야 할 단계였다. 다음 단계로 나아가야 하는데, 루나는 좀처럼 계획을 세울 수가 없었다.

🐶 "케르베로스 스쿼드 멤버들이 모두 공감하고 동의할 수 있는 해결책을 만들려면 같이 아
루나 이디어를 내야 할 것 같은데⋯ 도대체 어떻게 아이디에이션 워크숍을 하지? 모두 세계
곳곳에 뿔뿔이 흩어져 있잖아!"

> **>TIP**
> 프로세스 맵을 비롯하여 모든 다이어그램은 읽는 사람이 이해하기 쉽도록 각 도형과 요소의 의미를 설명해주는 것이 좋습니다. 화살표의 시작과 끝 모양만 바뀌어도 시스템의 흐름과 규칙이 변한다는 점을 잊지 맙시다!

## 🔵 버추얼 아이디에이션, 어떻게 할까?

아이디에이션(ideation) 워크숍의 목표는 이해관계자들이 함께 아이디어를 도출하는 것이다. 워크숍을 진행하는 사람은 모든 참여자가 다양한 활동을 통해 각자의 생각을 발산 및 수렴하며 문제에 대한 해결 방법을 찾을 수 있도록 해야 하고, 여러 가지 의견을 합치거나 변형하며 혁신적인 아이디어로 개발하도록 판을 짜야 한다. 함께 아이디어를 내고 발전시키는 활동을 하려면, 제한된 공간을 제공해 지속적인 창발이 일어나도록 설계하는 것이 좋다.

루나는 전 직장에서 워크숍을 진행하는 역할을 담당하고, 사람들과 화이트보드에 여러 아이디어 스케치를 하나씩 붙여가며 토론하곤 했다. 조금 느리고 거칠더라도 사람들과 같은 공간에서 소통하고 창작하는 활동을 하다 보면 혼자 작업할 때는 상상도 못 했던 기발한 아이디어

가 나와서 참여한 사람들 모두 만족하는 결과를 가져왔다.

오토마타에서도 스쿼드 멤버들과 함께 아이디에이션 워크숍을 하고 싶은데 시공간적인 제약 사항이 루나에게 큰 걸림돌로 느껴졌다. 글로벌하게 원격 근무하는 오토마타의 기업 환경에 맞춘 버추얼 아이디에이션(virtual ideation)을 위한 워크숍을 준비해야 하는데, 루나는 원격으로 워크숍을 주도해본 경험이 전혀 없었다.

가장 큰 고민거리는 장소 선정이었다. 온갖 메모와 스케치를 붙여두고 참여자들이 각자의 생각을 눈으로 보면서 아이디어를 나눌 수 있도록 화이트보드가 있으면 좋다. 하지만 원격으로 워크숍을 하면 함께 시각적 자료를 보기 힘들다. 커다란 화이트보드와 충분한 공간이 있는 장소를 고르는 것이 루나가 워크숍을 준비할 때 가장 먼저 챙기는 것인데, 버추얼 워크숍에서는 어떻게 공간을 대체할지 답이 나오질 않았다. 이리저리 고민해보았지만 딱히 명쾌한 해답을 찾지 못한 채 유진과 체크인(check-in) 미팅에서 다시 만났다.

# 2 | 디자인 스프린트

유진은 루나가 제작한 이해관계자 맵과 작업 프로세스 맵을 찬찬히 살피고, 상세한 피드백을 줬다. 작업을 잘했다, 못했다고 평가하는 게 아니라, 루나가 어떤 의도로 작업했는지 묻고 과정의 어려움이나 개선하고 싶었던 점이 있는지 물어보기도 했다.

디자인 작업 피드백은 자칫 잘못하면 두루뭉술하고 추상적일 수 있다. 결과물을 보는 사람에 따라 개인적인 취향이나 의견이 달라 피드백을 받는 입장에서 정확한 방향성을 제시받지 못하는 경우가 있기 마련이다. 그러나 유진의 작업 리뷰 방식은 철저하게 루나의 의견과 방향에 맞춰 가장 좋은 결과물을 만들도록 멘토링하는 방식이라, 루나는 유진의 섬세한 멘토링이 마음에 들었다.

유진이 완성된 맵에 대한 피드백을 마무리할 때쯤, 루나는 아이디에이션 워크숍에 대한 고민을 털어놓았다.

> 🧑‍🦰 "케르베로스 스쿼드 멤버들이 모두 참여해서, 문제를 정의하고 아이디어를 내는 시간을 만들고 싶어요. 영국, 싱가포르, 스웨덴, 모두 다른 시간대와 장소에 살다 보니까 아이디에이션 워크숍을 원격으로 해야 할 것 같은데, 어떻게 해야 할지 막힌 상태예요."

유진은 곰곰이 생각에 잠겼다가 루나에게 제안했다.

> 🧑 "루나, 디자인 스프린트를 진행하면 어떨까요?"

## ◎ 디자인 스프린트의 이해

유진이 제안한 디자인 스프린트(design sprint)는 구글 벤처스(Google Ventures)에서 개발한 프레임워크 '스프린트'를 활용한 것이다. 5일 동안 아이디에이션, 프로토타이핑 그리고 테스트까지 진행해 정해진 문제를 짧은 시간 안에 집중해서 해결하는 것이 큰 장점이다.

1. **월요일(매핑)**: 문제가 발생하는 부분을 찾으려고 주요 경험을 맵으로 시각화한다. 워크숍 참여자 모두 해결하려는 문제에 동의해야 다음 단계로 넘어갈 수 있다.

2. **화요일(스케치)**: 동의한 문제에 대한 해결 방법을 시각적으로 스케치하는 단계. 스케치는 정해진 틀에 맞춘 활동으로 진행하기도 하고, 개별적으로 자유롭게 스케치하는 방법도 있다. 무제한으로 아이디어를 내도 되지만, 최대한 시각 자료를 사용하여 다른 사람들도 이해하도록 스케치하는 것이 중요하다.

3. **수요일(결정)**: 아이디어를 발표하고, 참여자 전원이 투표하여 개발하고 싶은 아이디어를 결정한다. 의사 결정권자가 중요한 역할을 한다. 투표하기 전에 참가자들에게 워크숍의 목표와 아이디어를 선정하는 기준을 명확히 안내해야 한다.

4. **목요일(프로토타입)**: 선정한 아이디어를 프로토타입으로 개발하는 시간이다. 심미적인 요소는 최대한 배제하고, 아이디어의 콘셉트를 테스트 및 확인하는 수준의 프로토타입으로 만드는 것이 원칙이다.

5. **금요일(테스트)**: 프로토타입을 예비 사용자들과 테스트한다. 아이디어가 생각한 것처럼 문제를 해결할 수 있는지 검증하는 것이 포인트다. 5회 정도 테스트 대상을 바꿔가며 검증한 후, 결과를 분석한다.

"디자인 스프린트⋯ 석사 과정 때 이론상으로 배웠지만 직접 진행해본 적은 없어요. 다양한 직군의 사람들을 모아놓고 월요일부터 금요일까지 정해진 활동에 따라서 문제를 해결하는 거죠?"

"잘 아네요, 훌륭해요. 디자인 스프린트의 가치는 효율적인 의사 결정과 명확한 실행 계획이에요. 루나가 말한 것처럼, 디자인 스프린트 기간에는 다양한 직군의 전문가가 모여서 여러 관점을 반영하고 의사 결정 과정도 투명하게 공유합니다. 루나가 지금까지 작업한 맵들로 어떤 문제에 집중할지 결정하고, 디자인 스프린트를 통해서 개선 방안을 찾아보면 어떨까요?"

"좋아요! 그런데, 워크숍 장소는 어떻게 정하죠? 디자인 스프린트도 결국 스케치나 아이디어 발표 같은 활동을 많이 해야 하잖아요."

루나는 다시 원점으로 돌아온 것 같아 시무룩했다.

"루나, 피그잼으로 디자인 스프린트를 준비해볼까요?"

**피그잼을 통한 디자인 스프린트 공간**

피그잼은 간단한 시각 자료를 만드는 툴로도 유용하지만, 여러 사람이 동시에 접속해서 아이디어를 나누는 스프린트 공간으로 쓸 수도 있다. 단순한 도형과 기능들만 사용해도 오프라인에서 서로 아이디어를 시각적으로 공유하고 의견을 써 붙이는 것과 유사한 활동을 할 수 있어서 워크숍 공간을 걱정하는 루나에게 유진이 추천한 것이었다.

## 피그잼에 이미지 추가하기

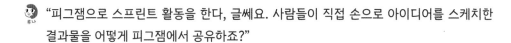 "피그잼으로 스프린트 활동을 한다, 글쎄요. 사람들이 직접 손으로 아이디어를 스케치한 결과물을 어떻게 피그잼에서 공유하죠?"

긴가민가한 표정의 루나에게 유진은 차분하게 설명했다.

"피그잼 파일에 이미지를 추가하는 건 무척 간단해요. 워크숍 퍼실리테이션할 때 루나가 참여자들에게 한 번만 알려주면 누구나 따라 할 수 있을 거예요."

유진이 말한 것처럼 피그마와 피그잼에 이미지 파일을 불러오는 방법은 간단하다. 오프라인으로 종이에 스케치한 후에 결과물을 사진으로 찍어서 피그잼에 옮기면 워크숍 참여자들이 서로의 아이디어를 빠짐없이 살필 수 있다.

## 방법 1. 폴더를 피그잼으로 옮기기

❶ 피그마 또는 피그잼 파일을 연다.
❷ 이미지 파일이 저장된 폴더를 연다.
❸ 폴더에서 이미지 파일을 선택한 후 마우스로 피그마 또는 피그잼 파일 위로 드래그한다.

## 방법 2. 홈 메뉴 이용하기

① 피그잼 파일을 연 후 좌측 상단 메뉴를 클릭한다. 그리고 [File] → [Import] 메뉴를 클릭한 후 이미 지를 삽입한다.

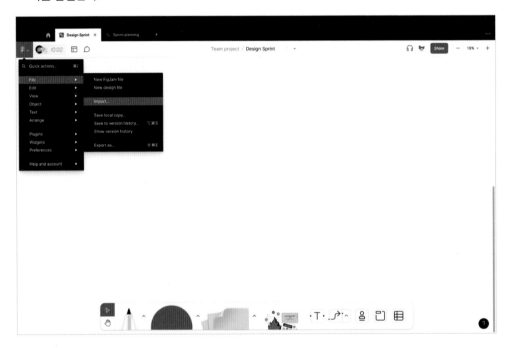

② 또는 [File] → [Place image…] 클릭 후 이미지를 선택할 수도 있다.

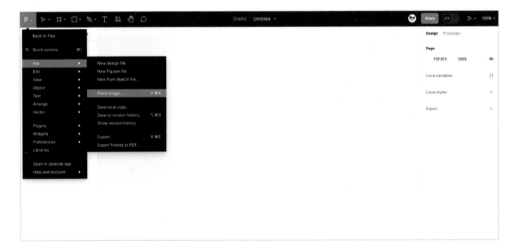

"유진, 이미지 파일을 피그잼에 삽입하는 방법이 진짜 쉽네요! 피그마 툴 사용이 익숙하 지 않은 사람들도 쉽게 사용할 수 있을 것 같아요. 아이디어만 한곳에 모아서 보도록, 아 예 섹션을 따로 만들래요."

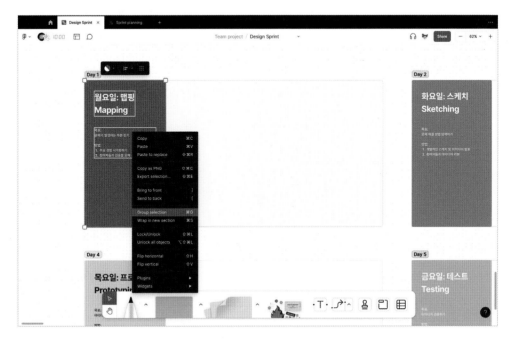 "섹션별로 활동을 나누는 건가요? 좋은 생각이네요. 지금 한번 예시로 만들어볼 수 있나요? 루나가 생각하는 섹션이 어떤 구성인지 보고 싶어요."

## 디자인 스프린트 활동을 위한 섹션 만들기

루나는 피그잼 파일에 섹션을 5개 만들었다. 디자인 스프린트가 5일 단위로 구성되니까 하루에 하나씩 사용할 생각이었다.

"사람들이 디자인 스프린트를 잘 모를 수도 있으니까 섹션마다 그날의 목표와 활동을 요약해서 적어둘래요."

"흠··· 루나, 사람들이 요약한 내용을 실수로 지우거나 옮기면 어떻게 할래요?"

"충분히 그럴 수도 있겠네요. 유진이 지난번에 가르쳐준 로크 기능을 사용해서 섹션에 고정할게요!"

## 섹션 고정 및 그루핑해보기

1 섹션을 만들고 제목을 수정한다. 그리고 직사각형 도형을 섹션 세로 길이에 맞춰 왼쪽 정렬한 후 텍스트를 삽입한다.

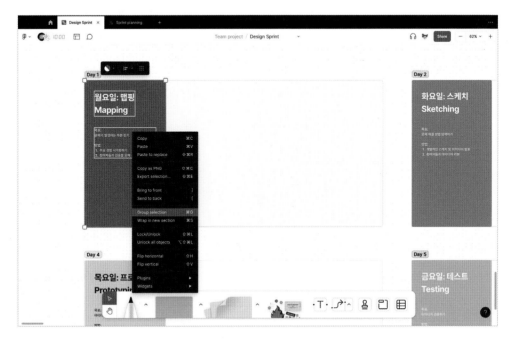

② 원하는 도형과 텍스트를 그룹으로 묶고 [Lock]로 고정한다.

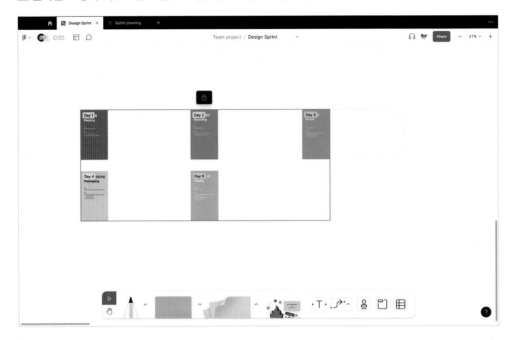

루나가 만든 섹션은 일정한 레이아웃을 사용해 처음 보는 사람이라도 쉽게 정보를 찾을 수 있는 구조였다. 유진도 피그잼 파일에 함께 접속해서 찬찬히 훑어보았다. 루나는 유진과 서로 다른 나라에서 다른 시간대에 사는데도 같은 공간에서 작업하는 느낌이 들었다.

> 🧑 "섹션 만드는 작업만 하는 건데 유진과 협업하는 기분이네요. 피그잼으로 디자인 스프린트할 때도 이런 느낌일까요?"

유진은 걱정이 사라진 루나의 얼굴을 보며 다행이라는 듯이 끄덕였다.

## 시공간을 초월한 안내 섹션 구성하기

한동안 루나의 피그잼 작업이 계속됐다. 유진은 파일을 살피다 마우스 포인터를 멈추더니 질문을 던졌다.

> 🧑 "루나, 만약 제시간에 워크숍에 참여할 수 없는 사람들은 어떻게 도와줄 생각인가요? 아까 걱정한 것처럼, 시공간의 제약이 분명히 있을 거예요. 시차가 다르다 보니 워크숍 시작할 때는 참여할 수 있지만, 끝까지 같이 참여하지 못하거나 반대로 따로 오프라인으로 진도를 따라잡은 후 다음 날 참여하는 사람도 있을 테니까요."

루나는 디자인 스프린트를 위한 섹션을 만드느라 몰두했다. 유진이 던진 질문 덕분에 새로운 아이디어를 생각해냈다.

"아! 그럴 때는··· 디자인 스프린트에 대한 소개와 중요 포인트를 짚어주는 안내 표지판이 따로 있다면 어떨까요?"

"좋은 생각이네요!"

루나는 아까 만들었던 피그잼 파일로 돌아갔다. 워크숍 진행 시간에 참여하지 못한 사람도 각 섹션에 대한 배경지식을 얻도록, 설명하는 섹션 1개를 추가했다. 그리고 디자인 스프린트의 모든 일정을 마치고, 그 후에 어떤 액션 플랜을 세울지 논의하는 섹션도 1개 더 만들었다.

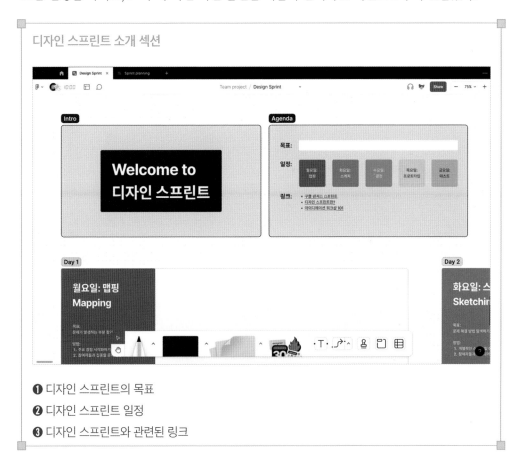

디자인 스프린트 소개 섹션

❶ 디자인 스프린트의 목표
❷ 디자인 스프린트 일정
❸ 디자인 스프린트와 관련된 링크

## 디자인 스프린트 결과 및 액션 목록 섹션

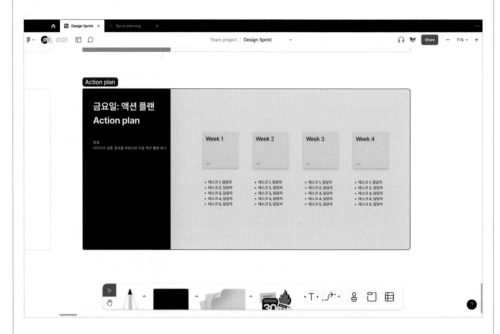

❶ 아이디어 콘셉트 검증 테스트 결과 요약
❷ 스프린트 이후 날짜가 적힌 캘린더

## 퍼실리테이션 템플릿 예시

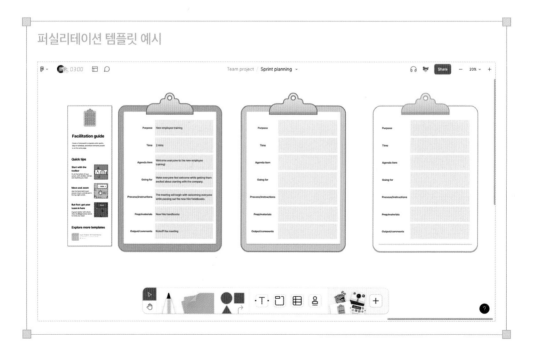

루나와 유진은 그 후로도 한동안 피드백을 주고받으며 7개의 피그잼 섹션을 발전시켰다. 한국 시각 기준으로 수요일 오후 5시, 어느덧 루나의 퇴근 시간이 되자 유진이 마무리했다.

🧑 "피그잼으로 디자인 스프린트를 준비하기로 정했으니까, 내일은 디자인 스프린트를 위한 기본 세팅을 마무리할까요? 피그잼 외에 어떤 것을 준비해야 할지 이야기해봐요."

🧑 "네! 어떤 활동을 추가하면 좋을지 조사해올게요. 내일 만나요!"

루나는 미팅이 끝난 후에도 한동안 피그잼 파일에서 손을 뗄 수 없었다. 원격으로 워크숍을 준비하는 게 갑갑하고 불편할 거라고 생각했는데, 피그잼 섹션으로 원하는 공간을 척척 만들어내니까 오히려 물리적인 공간보다 훨씬 자유도가 높았다.

마우스 드래그로 원하는 시각 자료를 피그잼에 붙여 넣는 방법을 다시 복습하면서 디자인 스프린트 관련 자료를 살펴보았다. 요일별로 어떤 액티비티를 준비할지 코멘트를 남기고서야 루나는 랩톱을 닫았다.

## 🔘 기본 세팅과 주의 사항

🧑 "루나, 잘 지냈어요? 약속한 것처럼 오늘은 디자인 스프린트 기본 세팅에 필요한 요소를 정리해볼까요?"

유진은 피그잼 파일에 텍스트 박스를 만들고 목록을 적어 하나씩 루나에게 설명했다.

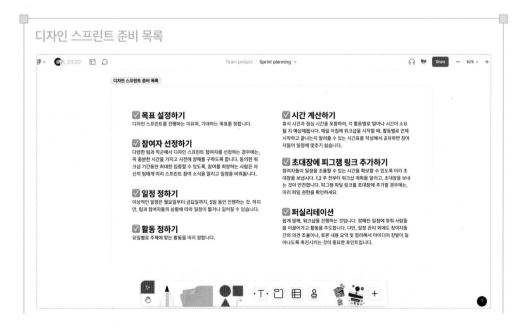

디자인 스프린트 준비 목록

☑ **목표 설정하기**
디자인 스프린트를 진행하는 이유와, 기대하는 목표를 정합니다.

☑ **참여자 선정하기**
다양한 팀과 직군에서 디자인 스프린트 참여자를 선정하는 경우에는, 꼭 충분한 시간을 가지고 사전에 양해를 구하도록 합니다. 동의한 워크숍 기간동안 최대한 집중할 수 있도록, 참여 희망하는 사람은 자신의 팀에게 미리 스프린트 참여 소식을 알리고 일정을 비워둡니다.

☑ **일정 정하기**
이상적인 일정은 월요일부터 금요일까지, 5일 동안 진행하는 것. 하지만, 팀과 참여자들의 상황에 따라 일정이 짧거나 길어질 수 있습니다.

☑ **활동 정하기**
요일별로 주제에 맞는 활동을 미리 정합니다.

☑ **시간 계산하기**
휴식 시간과 점심 시간을 포함하여, 각 활동별로 얼마나 시간이 소요될지 예상해봅시다. 매일 아침에 워크숍을 시작할 때, 활동별로 언제 시작하고 끝나는지 알려줄 수 있는 시간표를 작성해서 공유하면 참여자들이 일정에 맞추기 쉽습니다.

☑ **초대장에 피그잼 링크 추가하기**
참여자들이 일정을 조율할 수 있는 시간을 확보할 수 있도록 미리 초대장을 보냅시다. 1,2 주 전부터 워크숍 계획을 알리고, 초대장을 보내는 것이 안전합니다. 피그잼 파일 링크를 초대장에 추가할 경우에는, 미리 파일 권한을 확인하세요.

☑ **퍼실리테이션**
쉽게 말해, 워크숍을 진행하는 것입니다. 정해진 일정에 맞춰 사람들을 이끌어가고 활동을 주도하는 것. 다만, 일정 관리 외에도 참여자들 간의 의견 조율이나, 토론 내용 요약 및 정리해서 아이디어 창발이 일어나도록 촉진시키는 것이 중요한 포인트입니다.

### ❶ 목표 설정하기

디자인 스프린트를 진행하는 이유와 기대하는 목표를 정합니다.

### ❷ 참여자 선정하기

다양한 팀과 직군에서 디자인 스프린트 참여자를 선정하는 경우에는 꼭 충분히 사전에 양해를 구하도록 합니다. 동의한 워크숍 기간에 최대한 집중하도록, 참여를 희망하는 사람은 자기 팀에게 미리 스프린트 참여 소식을 알리고 일정을 비워둡니다.

### ❸ 일정 정하기

이상적인 일정은 월요일부터 금요일까지, 5일 동안 진행하는 것. 하지만 팀과 참여자들의 상황에 따라 일정이 짧거나 길어질 수 있습니다.

### ❹ 활동 정하기

요일별로 주제에 맞는 활동을 미리 정합니다. 예를 들어, 1일 차에 참여자들의 자기소개 시간을 가진다든지, 3일 차 스케치는 자유롭게 하되, 2시간 안에 끝낸다든지 등의 활동을 미리 계획합니다.

### ❺ 시간 계산하기

휴식 시간과 점심시간을 포함하여 활동별로 얼마나 시간이 소요될지 예상해봅시다. 매일 아침에 워크숍을 시작할 때, 각 활동이 언제 시작하고 끝나는지 시간표를 작성해서 공유하면 참여자들이 일정을 맞추기 쉽습니다.

### ❻ 초대장 보내기 - 피그잼 링크 추가

참여자들이 일정을 조율할 수 있도록 미리 초대장을 보냅시다. 1~2주 전부터 워크숍 계획을 알리고, 초대장을 보내는 것이 안전합니다. 피그잼 파일 링크를 초대장에 추가할 경우에는, 미리 파일 권한을 확인하세요.

### ❼ 퍼실리테이션

쉽게 말해 워크숍을 진행하는 것입니다. 정해진 일정에 맞춰 사람들을 이끌어가고 활동을 주도합니다. 다만, 일정 관리 외에도 참여자 간 의견 조율이나 토론 내용 요약 및 정리해서 아이디어 창발이 일어나도록 촉진하는 것이 중요한 포인트입니다.

루나는 유진의 설명에 귀 기울이면서 각 목록 옆에 자신의 의견을 덧붙였다.

## 루나의 스프린트 일정

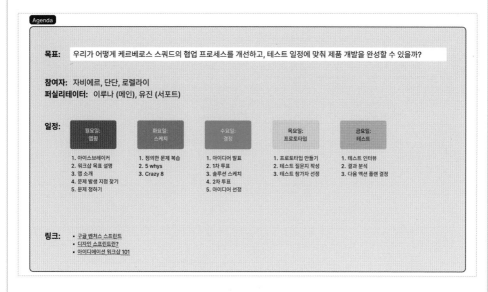

**Agenda**

**목표:** 우리가 어떻게 케르베로스 스쿼드의 협업 프로세스를 개선하고, 테스트 일정에 맞춰 제품 개발을 완성할 수 있을까?

**참여자:** 자비에르, 단단, 로렐라이
**퍼실리테이터:** 이루나 (메인), 유진 (서포트)

**일정:**

| 월요일: 맵핑 | 화요일: 스케치 | 수요일: 결정 | 목요일: 프로토타입 | 금요일: 테스트 |
|---|---|---|---|---|
| 1. 아이스브레이커 | 1. 정의한 문제 복습 | 1. 아이디어 발표 | 1. 프로토타입 만들기 | 1. 테스트 인터뷰 |
| 2. 워크샵 목표 설명 | 2. 5 whys | 2. 1차 투표 | 2. 테스트 질문지 작성 | 2. 결과 분석 |
| 3. 맵 소개 | 3. Crazy 8 | 3. 솔루션 스케치 | 3. 테스트 참가자 선정 | 3. 다음 액션 플랜 결정 |
| 4. 문제 발생 지점 찾기 | | 4. 2차 투표 | | |
| 5. 문제 정하기 | | 5. 아이디어 선정 | | |

**링크:**
- 구글 벤처스 스프린트
- 디자인 스프린트란?
- 아이디에이션 워크샵 101

## ❶ 목표 설정

- HMW 질문법을 사용한 문제 해결 아이디에이션
- "우리가 어떻게 케르베로스 스쿼드 팀의 협업 프로세스를 개선하고, 테스트 일정에 맞춰 제품 개발을 완성할 수 있을까?"

## ❷ 참여자 선정하기

- 케르베로스 스쿼드 멤버들: 단단, 로렐라이, 자비에르
- 퍼실리테이터: 루나
- 서포트 퍼실리테이터: 유진

## ❸ 일정 정하기

- 일주일 후 월요일부터 금요일까지 5일 동안

## ❹ 활동 정하기

- 월요일
  - 아이스브레이킹, 워크숍을 시작하기 전 활기를 불어넣는 질문하기
    (e.g 어릴 때 가장 좋아했던 애니메이션은? 나의 특이한 사실 한 가지를 밝힌다면? 타임머신을 탄다면 언제, 어디로 여행하고 싶은지? 등)
  - 워크숍 목표 설명하기
  - 루나의 맵 소개하기
  - 케르베로스 스쿼드와 문제 발생 지점 찾기
  - 집중하고 싶은 문제 정하기

- 화요일
- 정의한 문제 복습하기
- 5 why 질문하기, 발견한 문제의 원인과 이유를 분석하고자 5번 '왜(why)' 형식의 문장으로 질문하고 답하기
- Crazy 8 스케치로 아이디어 시각화하기. 종이를 8등분으로 접은 후, 8분 동안 최대한 많은 아이디어를 그려 넣는다. 아이디어 1개당 하나의 접힌 부분에 그리면 된다. 각 스케치의 완성도보다 여러 가지 아이디어를 내는 것에 중점을 두는 것이 포인트다.
- 수요일
- 케르베로스 스쿼드 멤버들의 아이디어 발표 시간
- 각자 아이디어를 발표한 후 나머지 멤버들의 피드백과 의견을 나누며 토론하기
- 1차 아이디어 투표, 가장 마음에 들거나 더 발전시켜보고 싶은 아이디어 선택하기
- 솔루션 스케치하기, 투표를 통해 선택한 아이디어를 확인하고 다시 멤버들이 개별적으로 한 가지 아이디어를 집중해서 그린다. 1시간 동안 아이디어를 스케치하고 다시 참여자들에게 발표한다.
- 2차 아이디어 투표, 프로토타이핑과 유저 테스팅하고 싶은 아이디어 선택하기
- 최종 아이디어 선정, 프로토타이핑하려는 아이디어 결정하기
- 목요일
- 프로토타입 만들기
- 유저 테스트를 할 때 프로토타입과 유저가 상호 작용하는 수준의 프로토타입을 제작하는 것을 목표로 정한다.
- 테스트에 필요한 질문 목록 작성하기
- 유저 테스트에 초대할 참가자 선정
- 금요일
- 프로토타입과 인터뷰 질문 전달하기
- 테스트 결과 분석하기
- 스프린트 종료 후 액션 아이템 정리

🙂 "유진, 어때요? 제가 조사한 디자인 스프린트 관련 활동들을 바탕으로 각 요일의 일정을 생각해본 거예요."

🙂 "Good starting point! 시작이 좋아요. 기본에 충실한 일정이군요. 하지만 루나가 생각한 일정대로 스프린트를 진행하는 건 어려울 것 같아요."

🙂 "네? 왜요?"

루나는 계획을 나름 잘 짰다고 생각했다가 유진의 답변에 놀랐다.

🙂 "루나, 워크숍을 5일 동안 진행하면 하루에 몇 시간 동안 스프린트를 진행할 생각인가요?"

👩 "기본적으로 2~3개의 활동을 하니까··· 쉬는 시간을 더하면 하루에 적어도 5시간은 있어야 할 것 같아요."
루나

👩 "케르베로스 스쿼드 멤버들에게 5시간은 몇 시부터 몇 시까지일까요?"
유진

👩 "앗! 시차를 잊고 있었어요."
루나

버추얼 디자인 스프린트를 진행하게 된 이유는 스쿼드 멤버들의 시공간 제약 때문이었는데, 루나는 디자인 스프린트를 처음 계획하다 보니 새로운 정보들을 소화하느라 정작 제일 신경 써야 하는 것을 놓치고 말았다. 시간을 다시 조율해야 한다는 사실에 당황한 루나를 진정시키며, 유진은 원격으로 진행하는 미팅이나 워크숍에서 미리 고려해야 할 주의 사항을 짚어주었다.

## 버추얼 워크숍 주의 사항

### ❶ 준비물은 미리 공지하기

각자 개별적인 공간에서 워크숍에 참여하므로 참여자들이 각자 준비해야 할 것들을 사전 공지하는 것이 필수입니다. 워크숍 활동에 필요한 준비물이 있다면 미리 목록을 준비하여 제공합시다.

### ❷ 긴 글이나 영상은 워크숍 시작 전에 각자 숙지하기

원격으로 진행되는 워크숍이나 미팅은 참여자의 집중력이 필요하므로 최대한 스크린 시간을 효율적으로 활용하는 것이 좋습니다. 참여자들이 사전에 알아야 하는 초대장에 첨부하고, 미리 숙지해달라고 요청하세요. 만약 워크숍을 하는 중에 영상을 같이 시청하려면, 발표자가 화면 공유로 영상 자료를 재생할 때 오디오도 정상적으로 출력되는지 테스트해보세요.

**❸ 휴식 시간을 충분히 가지기**

비록 물리적으로 같은 공간에서 워크숍을 하는 것은 아니지만, 원격으로 진행하는 워크숍의 정신적인 피로도도 꽤 높습니다. 참여자들의 집중력이 떨어지지 않도록 일정 중간에 휴식 시간을 정하세요. 시간표에 미리 공지해두면 참여자들이 휴식 후에 언제까지 돌아와야 하는지 알 수 있습니다.

🧑 **루나** "주의 사항을 알려줘서 고마워요, 유진. 그나저나 어쩌죠? 지금까지 짠 일정을 시차 때문에 줄이거나 빼는 건 불가능할 것 같아요."

🧑 **유진** "걱정하지 말아요. 보이지 않는 시간을 활용하면 가능합니다."

## 보이지 않는 시간? 개별 활동 시간!

디자인 스프린트는 함께 문제를 해결하는 워크숍이지만, 개인적으로도 문제를 고민해볼 시간이 필요하다. 자신만의 해결 방법을 개발하는 스케치 활동이 대표적인 예다. 유진은 계속 설명을 이어갔다.

🧑 **유진** "원격으로 워크숍을 준비할 때는 그룹 활동과 개별 활동 시간을 분리하는 것을 추천해요. 꼭 필요한 그룹 활동이라면, 우선순위를 정해서 최대한 많은 사람이 참여하는 시간대에 배치하세요. 그리고, 자유도가 높은 개별 활동은 각자 자신에게 맞는 시간대에 완료하도록 정하는 거예요."

🧑 **루나** "아하! 우선 케르베로스 스쿼드 멤버 모두 만나는 시간이 약 2시간 정도라고 계산하고, 그룹 활동 위주로 일정을 변경할래요. 그리고, 다음날 워크숍 시작 전까지 개별 활동 결과물을 피그잼 섹션에 업로드해달라고 요청하면 어떨까요?"

루나는 유진이 설명해준 버추얼 워크숍 주의 사항에 맞춰 그룹과 개별 활동을 나눠서 일정 관련 아이디어가 적힌 포스트잇을 재배열했다. 각 활동 시간이 얼마나 걸리는지 표시하려는데, 루나의 눈에 포스트잇이 가득한 섹션이 보였다. 정보를 한눈에 찾기가 어려웠다. 정해진 요일과 시간별로 깔끔하게 정리한 시간표를 만들려면 표를 작성해서 참여자들이 명확하게 알아보도록 정리하는 편이 나을 것 같아 유진에게 팁을 요청했다.

🧑 **루나** "유진, 5일 동안의 시간표를 피그잼으로 작성하고 싶은데, 표 만드는 게 생각보다 까다롭네요. 선을 하나씩 그어서 만들려니까 손이 너무 많이 가요. 혹시, 피그잼으로 표를 쉽게 만드는 팁이 있을까요?"

🧑 **유진** "네, 피그잼으로 표를 작성하는 건 간단해요."

## 피그잼으로 표 만들기

❶ 피그잼 툴바 가장 오른쪽 아이콘 선택 (단축키: <Shift> + <T>)
❷ 마우스 포인터를 클릭한 채 드래그하여 원하는 열과 행 추가
❸ 툴바 가장자리에 표시되는 핸들을 이용해 열과 행 추가 가능

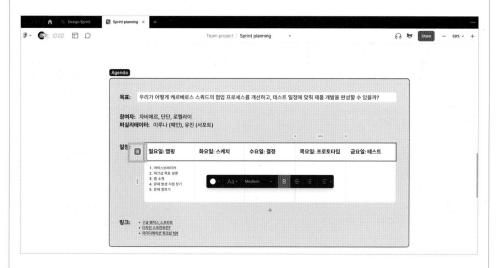

### ❶ 행 또는 열 크기 조정

마우스 포인터를 셀의 경계로 옮겨서 '||' 표시가 될 때 핸들을 조정한다.

### ❷ 셀 색깔, 폰트 스타일 바꾸기

수정하고 싶은 셀을 마우스 포인터로 선택하고, 툴바에서 원하는 배경 색을 선택한다.

### ❸ 행 또는 열 전체 순서 바꾸기

작성한 표의 행이나 열의 순서를 바꾸려면 원하는 행 또는 열 가장자리로 마우스 포인터를 옮긴다. 포인터가 '‖' 표시로 바뀌면 클릭한 채 원하는 순서로 행이나 열을 드래그한다.

💬 "어때요? 루나, 특별히 궁금한 부분이나 설명이 더 필요한 항목이 있나요?"

💬 "우와, 피그마랑 피그잼은 디자인 툴이라서 표 만들기 기능이 따로 없는 줄 알았어요. 그런데 다른 툴과 다름없이 쉽게 표를 만들고 수정할 수 있네요!"

유진과 루나가 함께 정리한 버추얼 디자인 스프린트 시간표가 마침내 완성됐다.

### 루나가 작성한 시간표

- 월요일
  - 그룹 활동: 스쿼드 자기소개(2 fact, 1 lie), 스프린트 주제 소개, 이해관계자 맵과 프로세스 맵 소개
  - 개인 활동: 맵을 읽고 어려움을 겪는 부분에 코멘트 남기기
- 화요일
  - 그룹 활동: 맵에 추가된 코멘트 리뷰하기, 문제점 HMW 질문으로 정의하기, Crazy 8, 1차 아이디어 발표 및 투표하기
  - 개인 활동: 아이디어 1개 선택하여 스케치하기, 솔루션 스케치 결과물을 피그잼에 아이디어 업로드하기
- 수요일
  - 그룹 활동: 솔루션 스케치 발표하기, 투표하기, 프로토타입 논의하기
  - 개인 활동: 프로토타입 제작하기, 유저 테스트에서 물어볼 인터뷰 질문 적기

- 목요일
  - 그룹 활동: 프로토타입 리뷰하기, 유저 테스트 인터뷰 질문 취합하기
  - 개인 활동: 인터뷰 질문 작성하기, 테스트 준비하기
- 금요일
  - 개인 또는 그룹 활동: 유저 테스트 진행하기, 결과 공유하기
  - 그룹 활동: 유저 테스트 결과 취합 및 분석하기, 다음 액션 플랜 정하기

시간표를 보면서 뿌듯해하는 루나와 말없이 고개를 끄덕이는 유진, 둘 다 만족스럽게 디자인 스프린트 일정을 결정했다. 루나는 유진에게 스쿼드 멤버들의 캘린더를 확인해달라고 한 후에 모든 멤버가 참석하도록 디자인 스프린트는 다음주 월요일부터 시작하기로 정했다. 루나는 하루에 2시간씩 그룹 활동이 추가된 디자인 스프린트 시간표를 참여자들이 보도록 공유 링크를 만들었다.

## 섹션 공유 링크

❶ 공유하고 싶은 섹션 선택

❷ 마우스 오른쪽 클릭

❸ [Copy link to section] 선택

❹ 링크가 클립보드에 복사됨

링크를 복사한 후 케르베로스 스쿼드 멤버들에게 보낼 미팅 초대 메일을 작성했다.

---

제목: 케르베로스 스쿼드를 디자인 스프린트에 초대합니다.

내용:

안녕하세요, 루나입니다.

케르베로스 스쿼드 멤버들과 함께 협업 프로세스를 탐구하고, 기존의 업무 프로세스를 개선하는 아이디어를 찾는 버추얼 디자인 스프린트를 계획 중입니다. 스쿼드 여러분의 많은 참여 부탁드립니다!

- 언제: 20xx년  x월 x일 x일(5일 동안)
- 어디서: 구글 미트와 피그잼에서 만나요, 피그잼 링크
- 누구와: 케르베로스 스쿼드 멤버(자비에르, 단단, 로렐라이), 유진, 루나
- 무엇을: 피그잼 링크를 통해서 시간표를 확인해주세요, 다양한 활동을 계획 중입니다.

덧붙여, 월요일에 재미있는 방법으로 자기소개를 하려고 해요. 다른 팀원들이 모르는 재미있는 사실 두 가지와 그럴싸한 거짓말 한 가지를 생각해오세요!

디자인 스프린트에 대해 궁금한 점이 있으면 언제든지 물어보세요.

감사합니다.

루나 드림

---

피그잼 메일 초대장을 발송하고, 루나는 한숨 돌렸다. 디자인 스프린트 계획부터 준비까지, 단숨에 해치운 기분이었기 때문이다.

🧑 "루나, 디자인 스프린트 준비가 거의 다 된 것 같아요. 성실하게 잘 준비했네요!"
유진

😊 "유진이 도와준 덕분이죠, 고마워요!"
루나

루나가 어느 정도 여유를 되찾았을 때, 유진이 새로운 주제를 꺼냈다.

🧑 "참, 루나. 혹시 퍼실리테이션 경험이 있나요?"
유진

😊 "워크숍 진행이라면 몇 차례 해본 경험이 있어요. 아, 원격으로는 한 번도 진행해본 적이
루나   없지만요."

🧑 "오프라인으로 진행해봤다면, 원격으로도 금방 익숙해질 거예요. 우리 내일 리허설해볼
유진   까요?"

꼼꼼하게 챙겨주는 유진의 멘토링 덕분에 루나는 점차 긴장이 풀렸다. 루나는 말로는 설명할 수 없는 묘한 자신감이 생겨 씩씩하게 대답하고 다음날 유진과 만나기로 했다.

## 🌀 퍼실리테이션, 그리고 사건이 터졌다!

목요일 오후, 약속했던 미팅 시간이 되자 루나는 자세를 고쳐 앉았다. 유진과 디자인 스프린트 리허설을 하려면 정신을 똑바로 차려야 할 것 같았기 때문이다. 기지개를 켜고 피그마 데스크톱 앱을 열었을 때 유진이 미팅 룸에 입장했다.

> 🧑 "유진, 오늘 왠지 잘할 것 같아요!"
>
> 🧑 "오늘도 씩씩하네요, 좋아요! 그럼 디자인 스프린트 퍼실리테이션을 연습해볼까요?"

### 아이디어를 창발시키는 능력자, 퍼실리테이터

퍼실리테이션하는 사람을 '퍼실리테이터'라고 한다. 퍼실리테이션은 '촉진하다', '쉽게 하다'라는 뜻의 라틴어 'facile'에서 유래된 단어다. 크고 작은 그룹에서 의견이 오갈 때 퍼실리테이터는 중립적인 위치에서 토론을 촉진하는 역할을 한다. 워크숍할 때 그룹 내에 퍼실리테이터 역할을 하는 사람이 있으면 목표한 지점까지 토론을 이끌어가는 게 한결 수월하다.

유진은 스프린트 준비 사항을 소개할 때처럼 퍼실리테이터가 준비해야 할 내용에 대해서 텍스트 박스를 만들어서 루나에게 설명했다.

유진이 준비한 퍼실리테이션 준비 사항

퍼실리테이션 준비 사항

**1** 토론에 참여하는 모든 사람이 의견이 존중받을 수 있는 안전한 분위기 만들기

**2** 사람들이 서로의 의견을 끝까지 귀 기울여 들을 수 있도록 발언권 주기

**3** 의견이 충돌하거나 나뉠 때, 토론의 흐름을 벗어나지 않도록 조율하기

**4** 참여자들의 흥미와 집중력이 떨어졌을 때, 리듬을 바꾸는 진행하기

🐼 "퍼실리테이터의 역할이 쉬운 듯 어렵네요. 특히 원격으로 진행하다 보면 참여자들의 반
루나 응을 살피는 데 한계가 있을 것 같아요. 분위기를 띄울 방법이나 팁이 있을까요, 유진?"

루나가 걱정한 것처럼, 같은 공간에서 참여자들의 상태를 일일이 관찰하는 오프라인 환경과
달리, 원격 워크숍은 퍼실리테이터가 사람들의 태도나 반응을 개별적으로 살피기 어렵다. 또
한, 분위기를 띄우고 창작 활동을 촉진하는 수단이 제한적일 수 있다. 유진은 예상했던 질문
이었던 것처럼 막힘없이 대답했다.

🐵 "맞아요. 오프라인만큼 자연스럽게 퍼실리테이션하려면 많은 연습과 경험이 필요해요.
유진 하지만 루나에게 도움이 될 것 같아서 피그잼 퍼실리테이션 팁을 준비했어요."

그룹 활동을 할 때 시간제한이 있는 활동을 추가하면 참여자들의 집중력을 순간적으로 높일
수 있다. 5분 동안 아이디어 발표하기, 1분 동안 투표하기 등 시간을 정하면 전체적인 일정의
시간 관리도 수월하다. 피그잼의 타이머 기능을 사용해서 제한 시간을 설정해본다.

### 시간제한 타이머

❶ 피그잼 상단 우측 타이머 아이콘 클릭
❷ 원하는 제한 시간 입력(59초부터 99분까지 설정 가능)
❸ 시작 버튼 클릭
❹ <+ 1min> 버튼으로 시간 추가 가능

❺ 타이머가 시작된 후에도 일시 정지 또는 정지를 선택할 수 있다.

조용하게 작업해야 하는 활동일 때, 어색한 침묵을 피하기 위해 피그잼의 음악 플레이어를 재생해본다. 타이머처럼 사용해도 되고, 음악만 따로 재생할 수도 있다.

재생하는 음악은 피그잼 파일에 접속한 참여자 모두에게 재생된다. 음악에 집중하게 참여자들의 마이크는 음 소거 처리하는 것을 추천한다.

## 배경 음악 디제잉

❶ 피그잼 상단 음악 아이콘 클릭

❷ 원하는 음악 테마 선택

❸ 시작 버튼 클릭

피그잼에서 기본적으로 제공하는 도형과 시각 요소만 사용하면 워크숍 공간이 심심하게 느껴질 수 있다. 재미있는 스티커를 활용해서 공간을 꾸며본다.

## 스티커로 재미있게 꾸미기

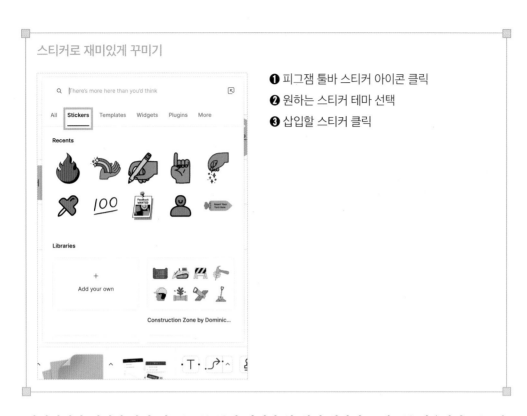

❶ 피그잼 툴바 스티커 아이콘 클릭

❷ 원하는 스티커 테마 선택

❸ 삽입할 스티커 클릭

아이디어나 의견이 나뉠 때, 투표를 통해 정해야 할 일이 있다면 스탬프를 사용한다. 투표가 무기명인지 공개 투표인지에 따라 스탬프 종류를 바꾸는 것을 추천한다.

## 스탬프로 공정하게 투표하기

❶ 피그잼 상단 투표 아이콘 클릭

❷ 투표 횟수를 지정하고 싶다면 투표 가능 횟수를 입력

❸ 하단 툴바의 스탬프 아이콘 클릭

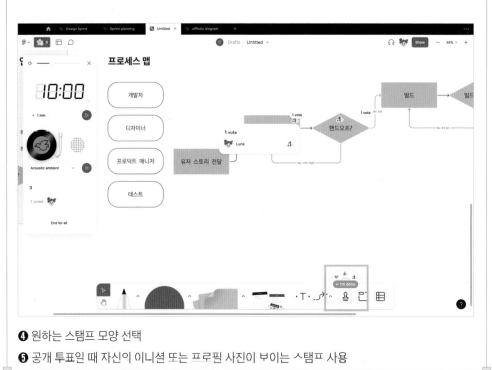

❹ 원하는 스탬프 모양 선택

❺ 공개 투표일 때 자신의 이니셜 또는 프로필 사진이 보이는 스탬프 사용

상대방의 아이디어나 의견에 리액션을 하고 싶다면, 이모트(emote) 효과를 사용해서 반응을 시각적으로 표현해본다. 효과가 실행된 후에 사라져 작업 파일에 흔적이 남지 않는다.

## 이모트 효과 사용하기

❶ 피그잼 툴바 스탬프 아이콘 클릭
❷ 스탬프 원형 메뉴 가운데 토글에서 이모트 아이콘 클릭
❸ 원하는 리액션 선택
❹ 리액션 하고 싶은 곳으로 마우스 포인터 이동

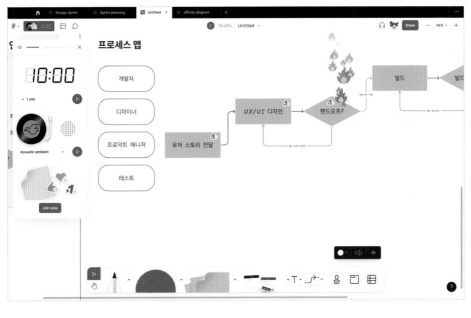

❺ 마우스로 클릭한 채 드래그하면 포인터를 따라서 이모트 효과가 나타납니다.

마우스 포인터를 좌우로 여러 번 흔들기만 해도 피그잼 파일에 접속한 참여자들과 하이파이브(high five)할 수 있다. 설정에서 하이파이브 기능을 켜면 언제든지 사용할 수 있다.

❶ 마우스를 좌우로 빠르게 움직이기 (단축키: <H>)

❷ 피그잼 좌측 상단 메뉴에서 [Preference]를 클릭한 후 [Shake cursor for high five] 기능 선택 여부 확인

루나는 피그잼을 단순하고 쉬운 시각 자료 작업만 편리하게 해주는 툴이라고 생각했다. 하지만 피그잼의 다양한 워크숍 관련 기능을 배우고 신이 났다. 오프라인으로 퍼실리테이션하는 것과 또 다른 느낌의 분위기를 조성할 수 있을 것 같았기 때문이다.

루나가 피그잼 스티커 종류를 구경하느라 잠시 집중력이 떨어졌을 때, 유진이 질문을 던졌다.

🧑 "루나, 스프린트 첫날 계획한 자기소개 형식에 대해 더 알려줄 수 있나요? 처음 보는 퍼실
유진　　리테이션 활동이거든요."

## 자기소개: 2개의 사실과 1개의 거짓말

루나는 질문해준 유진이 고마웠다. 사실 2개의 사실과 1개의 거짓말을 섞어서 자기소개하는 방법은 루나의 교수님이 대학원 첫날에 사용한 방법이었다. 서로 모르는 사이니까 어색했는데 이 활동을 하면서 자연스럽게 동기들과 친해질 수 있었다. 루나도 언젠가 분위기를 띄워야 하는 상황이 있으면 꼭 해보고 싶었던 활동이라 이번 스프린트에서 시도하고 싶었다.

"자기소개할 때 발표자는 참여자들이 발표자에 대해서 모를 것 같은 사실 2개와 있을 법한 거짓말을 1개 섞어서 소개해요. 그러면 나머지 참여자들은 아는 사실을 바탕으로 추리해서 어떤 것이 거짓말인지 추측해요. 발표자를 제외하고 참여자들끼리 정보를 나눠도 돼요. 참여자들이 답을 말하면 정답인지 아닌지 발표자가 알려주는 거예요."

"설명해줘서 고마워요, 루나. 방금 설명한 자기소개 활동으로 퍼실리테이션 리허설을 한번 해볼까요? 참여자들이 활동을 전혀 모른다고 생각하고 소개해주세요. 저도 참여자 역할을 맡아서 자기소개 활동을 해볼게요."

"퍼실리테이션 연습인가요? 좋아요!"

루나와 유진은 역할극을 시작했다. 루나는 방금 설명한 내용이지만, 자신이 디자인 스프린트를 진행하는 퍼실리테이터라고 상상하고 상대방에게 자기소개하는 방법을 알려줬다. 유진은 뻔뻔하다 싶을 만큼 자기소개 발표자 역할을 잘 수행했다.

"안녕하세요, 저는 오토마타에서 온보딩 멘토를 맡은 유진입니다. 저에 대한 세 가지 사실을 말해볼게요. 첫째, 저는 런던에 있어요. 둘째, 저는 오토마타와 함께한 지 1년 됐어요. 그리고 세 번째··· 저는 인간이 아니에요."

첫 번째 박스의 노란 포스트잇에 유진의 대답이 1개씩 적혀있다.

천연덕스러운 유진의 연기에 루나는 웃음을 참지 못했다.

> 🌝 "푸하하! 유진, 있을 법한 거짓말을 해야죠. 정답은 세 번째!"
> 루나

루나는 농담이라고 생각하고 크게 정답을 외쳤다. 그런데 이상한 일이 일어났다. 유진의 표정이 웃는 듯 우는 듯 이상하게 일그러지더니, 갑자기 유진을 비추는 화면에 텔레비전 노이즈 현상 같은 것이 뒤덮였다. 지지직거리던 화면이 검게 변했다가 밝아졌다. 유진이 있던 자리에는 빈 의자만 남아 있었다.

> 🌝 "어? 유진, 어디 갔어요?"
> 루나

## 사라진 유진

루나는 유진이 잠시 자리를 비운 것으로 생각했다. 미팅할 때마다 칼같이 시간 맞춰 접속하던 사람이 갑자기 소리 없이 사라지다니. 응급 상황이라도 발생했나 걱정되어서 여러 번 유진의 이름을 불렀다. 하지만 유진의 모습은 미팅 시간이 끝날 때까지 다시 화면에 비치지 않았다.

미팅이 종료된 후, 루나는 황당함을 감출 수가 없었다. 멀쩡하게 퍼실리테이션 연습을 도와주던 사람이 갑자기 사라진 이유가 무엇일까? 사라지기 전의 알 수 없는 표정 변화는 무슨 의미였을까? 루나의 머릿속은 온통 뒤죽박죽이 되어버렸다. 목요일 오후 5시, 퇴근 시간까지 유진의 소식을 기다렸지만 아무런 알림도 없었다.

## 3 | 코드 레드, 유진이 사라졌다

금요일 아침이 되자마자 루나는 메일과 사내 메신저를 확인했다. 어제 유진이 사라진 이후 혹시 따로 메시지를 남기지는 않았는지 찾아보았지만, 아무것도 없었다. 대신에 케르베로스 스쿼드 멤버들이 디자인 스프린트 초대장에 모두 참여하겠다고 회신한 메일이 도착해있었다. 그리고 예상하지 못했던 121 미팅 초대장이 도착했다. 자비에르가 보낸 메일의 제목은 '긴급 미팅'이었다.

### 긴급 미팅

루나는 자비에르와 버추얼 커피 챗 이후로 단둘이 미팅할 일이 없었기에 의아했다. 게다가 미팅에 관해 설명하는 내용이 하나도 없는 초대장에서 어쩐지 긴박함이 느껴졌다. 요가 마스터 같은 인상의 느긋하고 여유로웠던 PM 자비에르와 어울리지 않는 미팅 초대장이다.

당장 디자인 스프린트가 다음주인데 루나는 신경 쓰이는 일이 한둘이 아니었다. 이런저런 생각으로 걱정이 가득한 채 자비에르와 미팅을 시작했다.

#### 유진의 행방이 묘연하다

미팅 창에 비친 자비에르의 모습은 지난번 루나를 만났을 때와 많이 달랐다. 헝클어진 머리와 어쩐지 나빠 보이는 안색. 루나는 예감이 좋지 않았다.

> 🙂 "자비에르, 오랜만이에요! 저··· 긴급 미팅이라니, 무슨 일인가요?"
> 루나

> 🙂 "루나, 어제 유진과 같이 작업했죠? 어떤 작업을 했나요? 혹시 같이 일할 때 이상한 점은
> 자비에르  없었나요?"

> 🙂 "어! 자비에르도 유진을 찾는 중인가요? 사실은 어제 유진이 퍼실리테이션 연습을 도와
> 루나  주고 있었거든요? 그런데 자기소개하다가 갑자기 유진이 사라졌어요."

루나는 어떤 일이 있었는지 자세히 설명했다. 자기만 유진을 찾는 게 아니라는 생각에 놀라고, 동시에 다른 사람들도 유진이 어디로 갔는지 모른다는 사실이 상황이 나쁘게 돌아가는 것

만 같아 걱정이 컸다.

🙂 "흠… 사라진 시점이 그때인 것 같군요. 루나, 혹시 유진이 자기소개할 때 어떤 말을 했
나요?"

🙂 "별것 없었어요. 자기는 런던에 있다, 오토마타와 함께한 지 1년이 됐다. 아! 그리고 마지
막에 이상한 농담을 했어요."

루나가 말을 잇기 전에 자비에르가 먼저 대답했다.

🙂 "유진이… 자기가 사람이 아니라고 하던가요?"

루나는 너무 놀라서 입을 다물지 못했다. 자신은 상상도 못 했던 이상한 대답이었는데, 자비
에르가 예상했다는 듯 말했기 때문이다.

🙂 "어떻게 알았어요?"

## 🌙 유진의 비밀

자비에르가 뜸을 들이자 루나는 궁금증이 더 커졌다. 유진이 사라지기 직전에 복잡한 표정으
로 말없이 앉아 있던 때처럼, 자비에르의 얼굴도 시시각각으로 표정이 변하고 있었다. 루나가
재촉하려는 찰나에, 자비에르가 입을 열었다.

🙂 "루나, 지금부터 제가 하는 이야기는 모두 기밀 사항입니다. 오토마타에 입사할 때 비밀
유지 서류 NDA 작성한 것 기억하죠?"

🙂 "네? 그럼요. 기억해요. 유진에게 무슨 일이 생겼나요? 기밀 사항일 만큼 심각한가요?"

🙂 "네, 심각합니다."

루나는 사태가 심상치 않다는 것을 깨달았다. 그리고 뒤이어 자비에르가 말한 내용을 듣자 머
리를 한 대 얻어맞은 것 같았다.

🙂 "유진은 사람이 아닙니다. 개발명 Eugene은 오토마타가 기업용 온보딩 멘토 모델로 개
발 중인 AI입니다."

🙂 "네? 그… 그럼 지금까지 저랑 이야기한 사람은 대체 누군가요?"

🙂 "사람들과 자연스럽게 소통하도록 만든 버추얼 휴먼(virtual human) UI예요."

SF 같은 황당한 이야기에 루나는 어디서 몰래카메라를 촬영하는 건가 싶었다. 입사한 이래 유진과 만날 때마다 이질감이 들었던 적은 한 번도 없었는데, AI랑 이야기했다는 게 믿기지 않았다. 놀라서 금붕어처럼 입만 뻥끗하는 루나에게 자비에르는 더 많은 사실을 털어놓았다.

## 하데스 툴의 용도

🙂 자비에르 "케르베로스 스쿼드가 개발 중인 툴, 하데스는 유진의 AI 버전을 관리하는 툴입니다. 최근 유진의 프로필 관련 알고리즘을 업데이트해서, 하데스 툴에서도 AI 버전을 업데이트했습니다. 그런데 알 수 없는 에러로 업데이트가 중단되고 말았어요. 그 시점이 바로···."

🙂 루나 "어제 유진이 제게 정체를 고백했을 때군요?"

이번엔 루나가 자비에르보다 빨랐다. 농담이라고 생각했던 황당무계한 대답이 진실이었다면, AI가 말해서는 안 되는 정보를 공개해 에러가 발생한 게 아닐까 추측한 것이다.

🙂 자비에르 "맞습니다. 알고리즘 팀에 확인했는데 알고리즘 자체에는 문제가 없다고 확인되었습니다. 케르베로스 스쿼드가 개발 중인 하데스 툴과 관련된 에러일 가능성이 아주 높아요."

🙂 루나 "유진이 사라진 게 문제인 건 알겠는데, 이 상황이 심각한 건가요?"

루나는 어제까지만 해도 매일 의존하던 멘토의 존재가 사람이 아니라는 사실을 받아들이기 힘들었다. 필요할 때마다 도움과 조언을 주던 존재, 고마움을 표시했던 존재가 AI와 버추얼 휴먼이라니. 루나는 믿었던 멘토에게 배신당한 것 같은 기분에 휩싸였다. 사람이 없어진 줄 알고 온종일 걱정했던 게 별로 심각한 문제가 아닌 것처럼 여겨졌다.

🙂 자비에르 "오토마타는 전 세계를 대상으로 베타 테스트 중이라 온보딩 멘토 AI 모델을 사용하는 베타 테스터들이 많아요. 그런데 어제 유진이 사라지는 바람에 고객센터로 계속 문의와 불만이 접수되고 있어요."

🙂 루나 "전 세계적으로 테스트 중이라면 유진이 한 명이 아니라 여러 명 존재한다는 말인가요?"

🙂 자비에르 "유진은 AI니까 사람처럼 한 명, 두 명 세는 존재가 아닙니다. 다만, 루나가 온보딩 멘토링을 받는 동안 지구 반대편의 다른 멘티에게 동시에 멘토링할 수는 있지요."

유진이 AI라는 사실도 처음 듣는데, 유진에게 온보딩 멘토링을 받는 사람이 많다니. 루나의 머릿속에 갑자기 기억나는 메일이 하나 있었다.

'Onboarding mentor usability test agreement(온보딩 멘토 사용성 테스트 동의서).'

멘토링을 받는 것인데, 마치 소프트웨어나 제품을 사용할 때처럼 사용성을 테스트한다고 해서 어감이 이상했던 그 메일. 루나는 이질감이 들었던 그 메일의 진짜 의미를 인제야 이해할 수 있었다. 유진이 AI 모델이고, 루나는 AI 모델을 사용하는 '사용자'로서 베타 테스트에 동의했던 것이다.

## 베타 테스터들의 불만 해소하기

전 세계에 루나와 똑같이 사용성 테스트에 동의한 사람이 많다면, 지금 유진이 사라져서 불편해하는 사람도 무척 많다는 뜻이었다. 루나는 그제야 상황이 심각하다는 것을 이해했다. 놀라움과 배신감을 잠시 접어두고, 상황에 집중하기로 했다. 오토마타 알고리즘 팀이 내부적으로 확인한 것처럼, 에러가 발생하는 지점이 하데스 툴이라면 한시라도 빨리 수정해서 베타 테스트를 재개해야 하는 상황이었다.

👧 **루나** "자비에르, 제가 어떻게 도와야 하나요?"

🧑 **자비에르** "루나가 준비한 디자인 스프린트를 계획대로 진행해주세요. 케르베로스 스쿼드가 놓친, 하데스 툴에 빠진 고리를 찾을 수 있도록 루나가 도와주세요."

 **미션은 계속되어야 한다**

하데스에서 발생한 에러로 미션의 중요성과 긴장감이 고조되었다는 점이 특이 사항이지만, 루나에게 주어진 미션은 변함없었다. 서비스 디자이너로서 케르베로스 스쿼드의 협업을 증진하는 아이디어를 내는 것.

## 보조 퍼실리테이터의 부재

월요일에 시작하는 디자인 스프린트에서 기존 계획과 다른 점은 유진의 보조 없이 루나 혼자 워크숍 퍼실리테이션을 도맡아야 한다는 것이다. 루나는 믿는 도끼에 발등 찍힌 기분을 지우지 못한 채 대응책을 찾아야만 했다.

루나는 피그잼 워크숍 공간에 필요한 내용을 안내문처럼 작성해서 추가하기로 했다. 우선 참여자들이 스스로 시간을 체크하도록 섹션 상단에 소요 시간을 표시했다.

활동별 소요 시간 안내

❶ 시선을 끄는 스티커와 도형 추가
❷ 활동별 소요 시간 표시
❸ 원하는 위치로 이동 후 [Lock]로 고정

루나는 노트 정리를 효율적으로 하는 방법에 대해 고민했다. 노트 정리를 하는 이유는 사람들이 구두로 토론한 내용을 명확하게 글로 남기기 위함이다. 워크숍을 할 때 퍼실리테이터나 노트 테이커(note taker)가 사람들의 토론 내용을 별도로 기록하는 게 좋다. 하지만 루나는 유진의 자리를 메꾸기 위해 참여자들이 스스로 노트를 정리하도록 유도하기로 정했다.

토론하면서 참여자들이 각자 자신의 의견을 포스트잇으로 요약하면, 별도로 노트를 정리하는 사람을 정하지 않아도 중요한 내용이 글의 형태로 남아 찾기 쉬울 것 같았다. 생각나는 것들을 습관적으로 피그잼에 기록하도록 유도하려고, 포스트잇을 섹션마다 미리 배치해두었다.

### 노트 영역 만들기

❶ 섹션별 노트 영역 그리기
❷ 직사각형 도형 선택
❸ 색상 및 투명도 조절
❹ [Lock]로 고정
❺ 포스트잇을 노트 영역에 붙여 넣기

유진이 설명해주었던 퍼실리테이션 준비 목록 중에서 루나의 흥미를 끌었던 것은 아이디어 투표할 때 스탬프를 사용하는 방법이었다. 피그잼의 스탬프 기능을 알게 되어서 좋기도 했지만, 해당 메뉴가 토글을 제대로 선택해야 스탬프인지, 이모트인지 알 수 있어 헷갈리는 부분도 있었다.

루나는 참여자 중에서 스티커 사용 방법을 모르는 사람도 있을 것 같아서 피그잼 툴바에서 스티커를 선택하는 방법을 스크린샷으로 찍어 투표가 필요한 섹션에 안내문으로 게시했다.

❶ 스탬프 사용 안내 영역 그리기

❷ 직사각형 도형 선택

❸ 색상 및 투명도 조절

❹ [Lock] 고정

❺ 피그잼 툴바 스크린샷 찍기

❻ 마우스 오른쪽 클릭 후 붙여 넣기 하거나 <Ctrl> + <V> 키로 붙여 넣기

❼ 스탬프 선택 방법 설명 텍스트 추가

참여자들이 스스로 확인하고 숙지해야 할 부분이 늘어나긴 했지만, 루나는 최대한 워크숍을 매끄럽게 진행할 수 있도록 자세하고 친절한 공간을 꾸리는 데에 집중했다. 피그잼 섹션들을 여러 번 살펴보면서 고정해야 할 요소는 더 없는지, 빠진 설명은 없는지 반복해서 확인했다.

어제까지만 해도 역할극을 하면서 연습을 도와주던 유진이 실체가 없는 AI라는 사실은 큰 충격이지만, 당장 다음주 스프린트 시작을 앞두어 한눈을 팔 수 없었다. 루나는 퇴근 시간까지 혼자서 퍼실리테이션을 연습했다. 금요일 오후 5시, 피그잼 파일을 닫으려는데 워크숍 공간에 케르베로스 스쿼드 멤버들이 들어왔다.

케르베로스 스쿼드 멤버들이 디자인 스프린트 초대장에 추가했던 링크를 타고 들어와 마우스 포인터가 바쁘게 움직이더니, 루나 쪽으로 다가왔다. 단단, 로렐라이 그리고 자비에르의 마우스 포인터가 어느새 하이파이브 모양으로 바뀌었다.

🙂 "격려해주는 건가? 좋았어, 하이파이브!"
루나

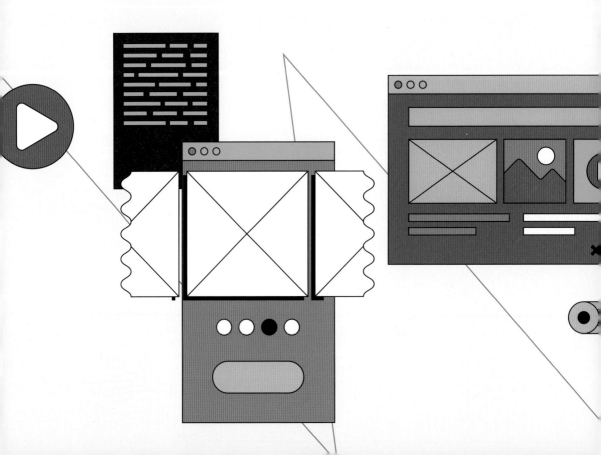

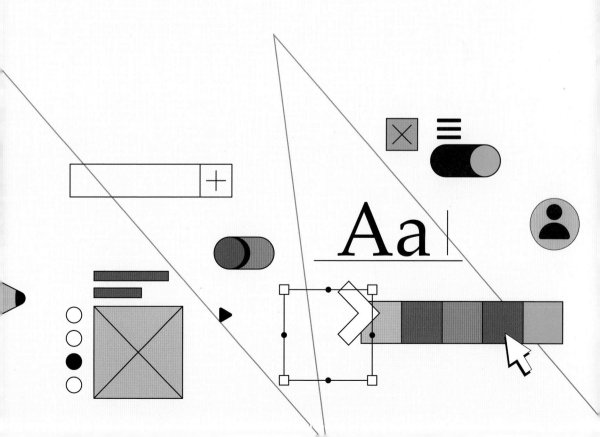

# 1 │ 디자인 스프린트 시작합니다

주말에도 루나는 유진에 대한 소식을 기다리며 업무 메일과 메신저를 확인했다. 그러나 원하는 소식은 들을 수 없었다. 입사 미션 마감까지 2주 남은 상황, 루나는 결국 혼자서 디자인 스프린트 퍼실리테이션을 맡았다. 원격으로는 워크숍을 처음 진행하는데 과연 무사히 스프린트를 완료할 수 있을까?

## 월요일: 자기소개와 문제 탐색

루나는 업무용 랩톱 옆에 핸드폰 거치대를 설치했다. 그룹 활동을 할 때 시간을 체크하도록 활동별로 알람을 설정해두었기 때문이었다. 루나의 머릿속에는 온통 모든 것이 계획한 대로 흘러가야 한다는 생각뿐이었다. 유진과 함께 준비한 부분과 혼자 연습한 퍼실리테이션까지, 디자인 스프린트가 시작되는 시간까지 준비 사항을 여러 차례 확인했다.

디자인 스프린트는 여러 날에 걸쳐 진행되는 워크숍이라 초반에 분위기를 띄워서 참여자들의 기대감을 키우는 노력이 필요하다. 루나도 워크숍을 진행하며 쌓은 경험 덕분에 이 부분을 잘 알고 있었다. 긴장한 모습보다는 참여자들을 반기는 자세로 디자인 스프린트의 첫날을 시작하려고 심호흡했다.

월요일, 디자인 스프린트 미팅 창에 스쿼드 멤버들이 차례대로 입장했다. 스프린트 첫날이 공식적으로 시작됐다. 루나는 케르베로스 스쿼드 멤버들이 모두 입장하자 짧게 인사하고 자신의 피그잼 화면을 공유했다.

> 🗨️ "단단, 로렐라이, 자비에르 디자인 스프린트에 온 것을 환영해요! 오늘은 워크숍 내내 피
> 루나　그잼을 사용할 거예요. 모두 제가 미리 전달한 디자인 스프린트 피그잼 링크를 확인해주
> 세요. 참, 지난주에 피그잼 파일 확인해주어서 고마워요!"

지난 금요일, 모든 멤버와 버추얼 하이파이브를 하며 응원받았던 것에 대해 루나는 잊지 않고 감사를 표시했다. 다행히도 케르베로스 스쿼드 멤버 모두 피그잼 파일을 사전에 확인해주어 별도로 툴을 설명할 필요가 없었다.

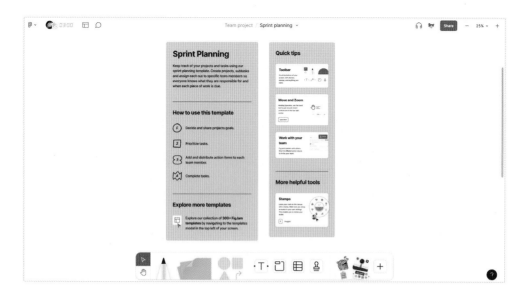

"루나, 디자인 스프린트 시간표를 짤 때 고생했겠어요! 우리 모두 시차가 달라서 시간 잡기 어려웠을 텐데, 오피스 아워(office hour)를 지켜서 효율적으로 짰네요. 고마워요."

지난주에 긴급 미팅을 요청하며 하네스 툴의 에러를 진지하게 설명하던 자비에르의 얼굴이, 다행히도 한결 편해 보였다. 루나는 칭찬받으며 워크숍을 오프닝하는 게 꽤 마음에 들었다.

"맞아요, 루나! 디자인 스프린트 요일별로 섹션을 만들어서 설명을 덧붙여준 것도 고마워요. 사실 원격으로 워크숍을 한 지 꽤 오래돼서, 디자인 스프린트 형식이 뭐였는지 거의 잊어버렸거든요. 루나의 워크숍 공간을 둘러보니까 다시 기억났어요."

조용하지만 또박또박 할 말은 하는 시니어 프로덕트 디자이너 단단도 칭찬을 아끼지 않았다. 루나는 입사 첫 주에 단단이 피그마 툴을 다루는 법을 친절하게 가르쳐주지 않았다면 피그잼으로 워크숍을 준비할 수 있었을까, 순간 회상에 잠겼다. 그리고 얼마 지나지 않아, 큰 소리에 화들짝 현실로 돌아왔다.

"오케이! 우리 모두 하데스의 에러를 잡으려고 여기 모인 거 맞지? Let's go! 루나, 망설이지 말고 페이스대로 쭈욱- 달려보자고."

뮤지컬 배우 버금가는 성량의 소유자, 시니어 소프트웨어 엔지니어 로렐라이가 카메라 앞으로 바짝 다가왔다. 활력 넘치는 목소리 덕분에 케르베로스 스쿼드 멤버 모두 집중력이 한껏 높아졌다. 디자인 스프린트를 통해서 스쿼드 멤버들의 협력을 증진하고, 더 나아가서 개발 중인 제품 하데스의 에러를 잡아야만 했다.

"모두 에너지가 넘치네요! 좋아요. 전 세계에서 유진의 AI 온보딩 멘토링을 기다릴 베타 테스터들에게 정상적인 서비스 경험을 제공하도록, 우리 모두 일주일 동안 힘내요!"

루나는 고조된 분위기를 유지하면서 피그잼 파일의 스포트라이트(spotlight) 기능을 사용했다. 케르베로스 멤버들이 모두 루나의 마우스 포인터가 위치한 자기소개 섹션으로 이동했다. 케르베로스 멤버들이 각자 자신의 이름이 적힌 곳에 포스트잇을 추가해서 세 가지 사실을 붙여 넣었다.

"자, 로렐라이 먼저 발표해볼까요? 다른 사람들도 같이 보게, 스포트라이트를 적용해주세요."

❶ 발표자가 <Spotlight me>를 적용한다.

❷ 세 가지 사실을 읽는다.

❸ 나머지 참여자들이 거짓말이라고 생각하는 사실에 스탬프를 붙인다.

❹ 발표자가 정답을 발표한다.

상대방의 진실을 추리하면서, 지금껏 같이 일한 동료의 몰랐던 사실들을 알게 되자 케르베로스 멤버들 사이에 벽이 허물어졌다. 특히, 단단은 로렐라이가 가장 좋아하는 애니메이션이 「마녀 배달부 키키」라는 사실이 진실임을 알게 되어 이전보다 더 부드러운 표정으로 로렐라이와 대화하고 있었다.

자비에르는 내년에 요가 마스터 클래스를 들으려고 싱가포르로 휴가를 간다고 말한 사실이 진실로 드러났다. 그러자 로렐라이는 자비에르에게 자기가 직접 작성한 싱가포르 맛집 지도를 선물하겠다고 적극적으로 나섰다. 단단의 친구가 싱가포르에서 디저트 가게를 한다는 말을 덧붙이자, 모두 링크를 알려달라며 졸랐다.

## 맵에 코멘트 남기기

자기소개 활동이 끝나자, 스쿼드 멤버들은 마음껏 웃고 떠들어서인지 긍정적인 에너지가 가득했다. 루나는 자기소개 활동의 결과에 만족스러워하며, 멤버들의 시선을 다음 섹션으로 옮기려고 다시 스포트라이트 기능을 사용했다.

👩 "모두 재미있는 시간을 보낸 것 같아서 다행이에요! 벌써 오늘 일정의 절반이 끝났습니
루나 다. 이번엔 제가 여러분에게 소개하고 싶은 것이 있어요. 지난 2주 동안, 케르베로스 스쿼
드가 서로 어떻게 협업 중인지 조사하고, 그 결과를 맵으로 시각화했어요. 지금부터 제가
작성한 맵을 같이 읽어볼 거예요. 맵을 읽는 동안, 노트를 적어줄래요?"

루나는 개인 작업했던 이해관계자 맵과 협업 프로세스 맵 파일 링크를 공유하고, 참여자들에게 시각 자료를 읽어주었다. 로렐라이와 자비에르가 노트를 적기 시작할 무렵, 단단이 갑자기 루나에게 도움을 요청했다.

😀 "어? 루나, 포스트잇을 붙이고 싶은데 저에게 편집(edit) 권한을 주지 않았네요. 지금 신
단단 청했어요, 수락해주세요."

> **〉TIP**
> 피그잼 파일에 접속 가능한 권한은 있지만 편집 권한이 없는 경우에는 보기 전용(view only) 사용자가 직접 파일 오너(owner)에게 요청할 수 있습니다. 단단이 루나에게 편집 권한을 요청한 단계를 살펴봅시다.

## 피그잼 권한 변경하기

① 피그잼 파일 하단 <Ask to edit> 버튼을 클릭한다.

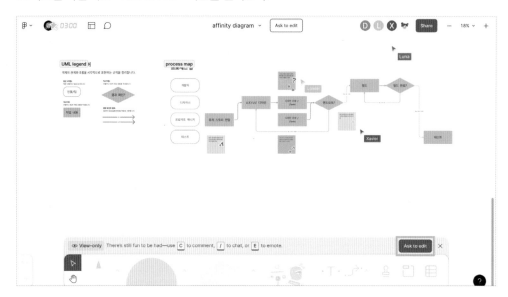

② 요청이 수락될 때까지는 'Request sent' 상태로 표시된다.

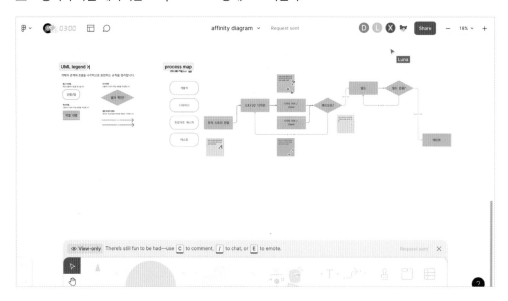

③ 요청이 수락되면 피그잼 툴바가 활성화된다.

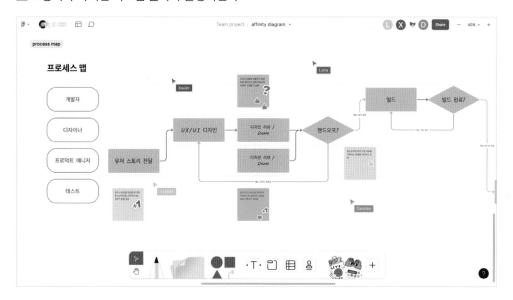

루나가 스프린트를 준비하다가 빠뜨린 부분이 하나 있었다. 스프린트 공간으로 사용하는 피그잼 파일 외의 자료를 사용할 때, 해당 파일에 대한 권한을 확인하는 것을 깜빡하고 말았다. 루나는 단단이 요청한 권한을 수락했다. 작은 실수였지만, 루나는 유진의 빈자리가 느껴져서 아쉬웠다.

🙂 "단단, 깜빡했어요! 지금 권한 수락했습니다."
루나

## 파일 편집 권한 요청 수락하기

① 피그잼 파일의 <Share> 버튼에서 알림을 확인한 후 <Approve>를 클릭한다.

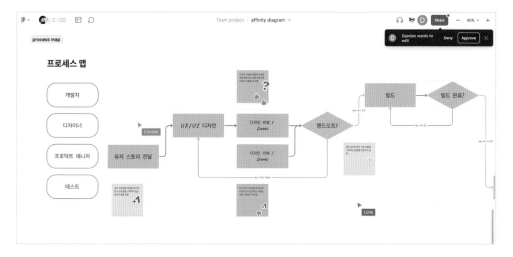

2 다음과 같이 파일 권한 부여를 확인하는 메시지가 나타난다.

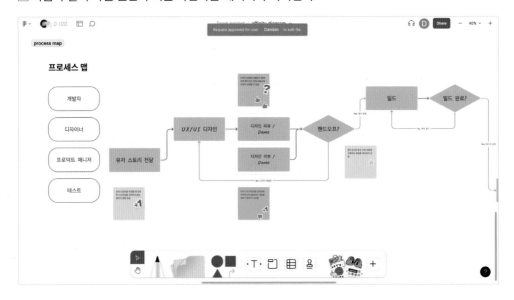

모든 참여자에게 파일 편집 권한이 부여되자, 각자 궁금한 점이나 개선할 사항이라고 생각하는 것들을 적극적으로 적었다. 루나의 협업 프로세스 맵은 스쿼드가 일상적으로 일하던 과정을 단계별로 상세하게 시각화해 멤버들에게 새롭게 느껴졌다.

🧑 "에? 단단이 프로토타입을 만들고 자비에르랑 리뷰를 먼저 하는 거였어? 나는 빌드가 끝
로렐라이    난 후에 리뷰하는 것만 알았는데?"

로렐라이가 루나의 맵을 보다가 갑자기 질문을 던졌다.

🧑 "어⋯ 저는 로렐라이도 아는 줄 알았는데요? 자비에르랑 스코프(scope) 결정된 기능부
단단    터 먼저 디자인하고, 제가 로렐라이한테 핸드오프하는 차례로 알았어요."

단단이 조곤조곤 대답하자, 이번엔 자비에르가 머리를 긁적이면서 덧붙였다.

🧑 "음? 나는 로렐라이가 다른 미팅이랑 겹쳐서 디자인 리뷰 미팅에 안 들어오는 줄 알았는
자비에르    데요?"

각자 역할에만 충실하던 스쿼드 멤버들이 서로 어떻게 소통하는지 알게 되자 물음표가 갈수록 많아졌다. 질문과 놀람이 연속되는 맵 읽기 시간이 계속되자 루나는 참여자들에게 지금 나오는 질문을 잊지 않도록 노트로 기록해달라고 요청했다.

"와, 질문이 많다는 건 우리가 앞으로 더 잘할 기회가 많다는 거예요! 저는 오늘 맵 리뷰 활동이 엄청 의미 있었는데, 여러분은 어떤가요?"

케르베로스 멤버들은 루나에게 동의한다며 고개를 끄덕였다. 하지만, 아직도 서로에게 질문하고 싶은 게 남은 눈치였다.

"오늘 그룹 활동은 여기까지예요. 단! 여러분에게 숙제가 있습니다. 지금 다 못 끝낸 질문들을 피그잼에 코멘트로 남겨주세요. 서로 어떤 노트를 작성했는지 읽어보고, 추가 질문이나 아이디어를 모두 기록하는 게 숙제입니다. 내일 워크숍 시작 전까지 피그잼 워크숍 공간에 추가된 코멘트를 모두 읽어 오세요!"

루나는 실시간으로 인터랙티브한 그룹 활동을 하는 케르베로스 스쿼드 멤버들의 모습에 크게 안도했다. 서로의 역할과 협업 단계에 대한 이해도가 낮은 부분도 슬슬 눈에 띄기 시작했다. 포스트잇이 상대적으로 많이 붙은 곳, 물음표 스티커가 추가된 곳도 있었다.

루나는 디자인 스프린트 첫날을 정리하고 자신감이 솟아났다. 유진이 없어서 불안했던 마음은 어느새 사라지고, 주먹을 꼭 쥔 채 내일도 성공적인 워크숍을 진행하겠다는 의지가 남았다. 그룹 활동을 종료하고 미팅을 마친 후에도 피그잼에는 스쿼드 멤버들이 계속 남아서 코멘트를 달았다. 루나는 더 지켜보고 싶었지만, 피곤이 몰려와서 그대로 랩톱을 종료했다.

## 🌑 화요일: 프로세스 맵과 문제 정의

다음날, 루나는 메일이 잔뜩 온 것을 보고 깜짝 놀랐다. 모두 피그마에서 보낸 알림이었다. 루나는 코멘트가 달릴 때마다 메일이 오도록 알림이 설정되었던 걸 몰라, 메일을 다 열어보고 나서야 피그마의 메일 알림 기능을 알았다.

## 메일 알림 설정하기

1 피그마 홈 메뉴를 클릭한 후 [Help and account] → [Account settings]을 선택한다.

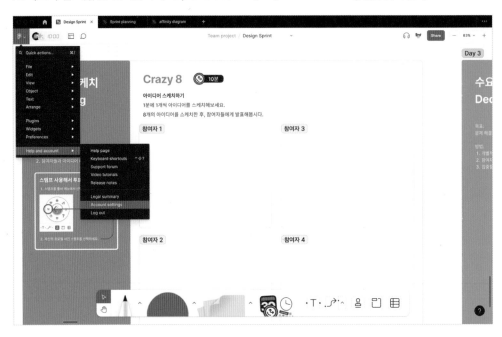

2 [Notifications] 탭을 선택한 후 메일 알림 설정을 진행한다.

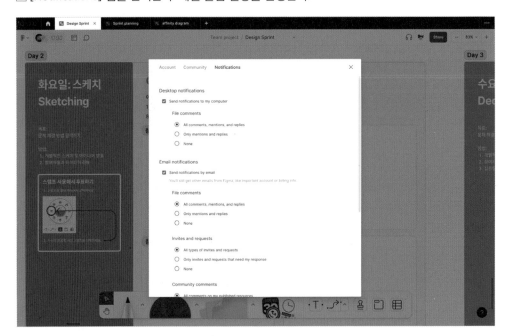

③ 그리고 메일로 코멘트를 확인한다. 이때 코멘트가 추가된 곳의 스니펫이 메일 내용에 첨부된다.

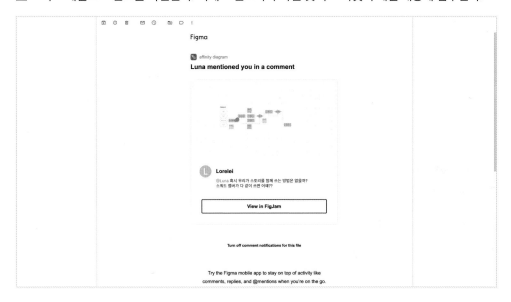

메일만 훑어보아도 케르베로스 스쿼드 멤버들이 얼마나 많은 코멘트를 남겼는지 확인할 수 있었다. 루나는 직접 피그잼 파일을 열어서 코멘트와 포스트잇이 얼마나 추가되었는지 살폈다. 포스트잇 하단에 누가 추가했는지 이름이 자동으로 입력되어 어떤 종류의 질문을 누가 했는지 분석하기 수월했다.

퍼실리테이터는 워크숍이 시작되기 전에도 미리 당일의 활동과 내용을 준비해두어야 한다. 루나는 피그잼 툴바에서 펜 기능을 찾아 질문 수가 많은 부분에 동그라미를 쳤다.

🧑 "좋아, 이 정도면 오늘 활동할 만하겠어!"
루나

루나의 하이라이트 작업이 끝날 무렵, 케르베로스 스쿼드 멤버들이 차례대로 피그잼 파일에 접속했다. 스프린트 둘째 날을 시작할 시간이었다. 루나도 미팅에 접속해서 멤버들과 인사하고, 스프린트 일정을 이어나갔다.

🧑 "안녕하세요! 모두 숙제를 잘해주었어요. 고맙습니다! 여러분이 남긴 코멘트와 노트를 미
루나 리 읽고, 가장 많이 질문한 내용을 하이라이트 해두었어요. 함께 볼까요?"

하이라이트 된 프로세스 맵을 살펴보니, 케르베로스 멤버들의 질문과 코멘트는 하데스의 기능을 개발하기 전과 후에 몰려있었다. 루나는 그룹으로 묶어둔 질문들을 소리 내어 읽으며, 참여자들이 추가 의견을 내고 싶은지 물었다.

😺 "단단, 제가 코멘트를 잘 이해했는지 확인하고 싶어요. 하데스의 신규 기능이 PRD에 추가되었을 때, 유저 스토리를 happy-path, sad-path로 나누어서 적어달라고 했는데, 어떤 뜻인지 더 자세히 설명해줄래요?"

PRD는 제품 요구 사항 정리서(product requirement document)의 줄임말이다. 제품의 목적, 기능 등 사용자가 제품을 사용할 때 어떻게 작동하길 원하는지 요구 사항을 기록하는 문서이다. PRD에는 기능을 유저 관점에서 설명하는 유저 스토리(user-story)를 작성하여 문서를 읽는 디자이너나 개발자들이 기능을 구현할 때 이해를 돕는다.

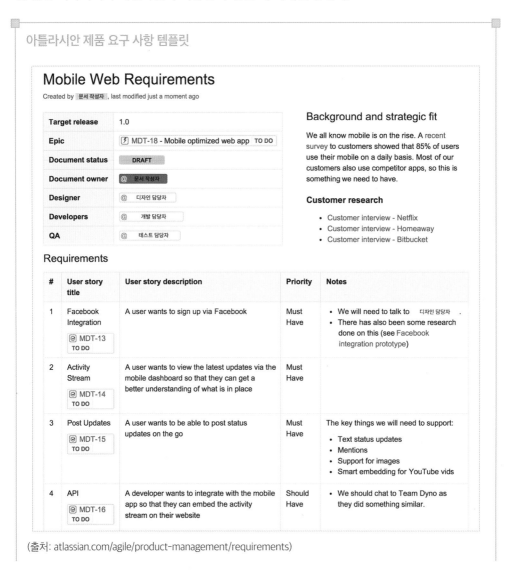

아틀라시안 제품 요구 사항 템플릿

# Mobile Web Requirements

Created by 문서 작성자 , last modified just a moment ago

| Target release | 1.0 |
| --- | --- |
| Epic | ⚡ MDT-18 - Mobile optimized web app TO DO |
| Document status | DRAFT |
| Document owner | @ 문서 작성자 |
| Designer | @ 디자인 담당자 |
| Developers | @ 개발 담당자 |
| QA | @ 테스트 담당자 |

### Background and strategic fit

We all know mobile is on the rise. A recent survey to customers showed that 85% of users use their mobile on a daily basis. Most of our customers also use competitor apps, so this is something we need to have.

### Customer research

- Customer interview - Netflix
- Customer interview - Homeaway
- Customer interview - Bitbucket

### Requirements

| # | User story title | User story description | Priority | Notes |
| --- | --- | --- | --- | --- |
| 1 | Facebook Integration ⓐ MDT-13 TO DO | A user wants to sign up via Facebook | Must Have | • We will need to talk to 디자인 담당자 .<br>• There has also been some research done on this (see Facebook integration prototype) |
| 2 | Activity Stream ⓐ MDT-14 TO DO | A user wants to view the latest updates via the mobile dashboard so that they can get a better understanding of what is in place | Must Have | |
| 3 | Post Updates ⓐ MDT-15 TO DO | A user wants to be able to post status updates on the go | Must Have | The key things we will need to support:<br>• Text status updates<br>• Mentions<br>• Support for images<br>• Smart embedding for YouTube vids |
| 4 | API ⓐ MDT-16 TO DO | A developer wants to integrate with the mobile app so that they can embed the activity stream on their website | Should Have | • We should chat to Team Dyno as they did something similar. |

(출처: atlassian.com/agile/product-management/requirements)

PRD 문서에는 기능에 대한 설명 외에도, 제품의 목표, 비전, 전략적 성장 로드맵, 관련 리서치 등, 다양한 정보가 포함되어 있다. 기능을 개발할 때는 각 기능의 중요도에 따라 라벨링(labelling) 하는 것을 추천한다. Confluence 문서로 PRD를 작성할 경우에는, JIRA 티켓과 연동하여 개발자의 진행 상황을 자동으로 업데이트할 수 있다.

케르베로스 스쿼드 팀에서는 PM 자비에르가 PRD를 작성하고 관리하는데, 디자이너 단단이 원하는 것은 기능이 정상적으로 작동할 때의 스토리 외에 다른 상태(edge-case)까지 고려해 달라는 요청이었다.

> "I agree with you, 단단. 디자인 핸드오프 받을 때 내가 여러 번 물어봤잖아. 에러 종류가 여러 갠데, 어떻게 디자인할 건지. 그런데 생각해보니까 단단이 디자인하려면, 스토리가 먼저 정해져야 하네! 자비에르, what do you think? 어떻게 생각해?"

로렐라이가 단단의 코멘트에 '+1' 이모티콘을 추가했다. 티격태격하던 두 사람이 합세해서 질문하는 모습이 긍정적으로 보여서 루나는 살짝 웃었다. 자비에르도 질문에 동의하면서 문제점을 해결할 방법을 같이 찾아보는 쪽으로 의견이 모아졌다.

### 코멘트에 이모티콘 남기기

❶ 피그잼 코멘트 상자 확인
❷ 메시지 하단에 <+> 버튼 클릭
❸ 원하는 이모티콘 남기기

**≫TIP**

코멘트에 답글을 달면, 코멘트를 작성한 사람에게 메일과 피그마 데스크톱 알람이 뜨지만, 이모티콘은 별도의 알림이 없습니다. 만약 자기 의견을 이모티콘으로만 표현하면 사람들에게 자신의 의사가 명확하게 전달되지 않을 수도 있으니 주의합시다!

루나는 퍼실리테이터로서 역할에 충실했다. 비슷한 과정을 여러 번 반복하여 모든 참여자가 어떤 문제점에 초점을 맞추고 싶은지 확인하고, 해결 방안이 필요한 문제들에 별 모양 스탬프를 찍었다.

"루나, 이건 중요한 문제니까 좀 더 큰 별 도장이 필요하지 않을까요? 스탬프를 찍을 곳에 마우스 포인터를 두고, 오래 누르면 커지거든요."

자비에르가 루나의 스탬프 옆에 두 배 정도 큰 스탬프를 찍었다.

### 커다란 스탬프 찍기

❶ 피그잼 툴바에서 스탬프 선택
❷ 스탬프를 사용할 위치에 마우스 포인터 두기
❸ 원하는 스탬프 사이즈가 될 때까지 마우스를 계속 누른 채 기다리기
❹ 스탬프 사이즈는 4단계까지 커진다.

루나는 지금까지 프로세스를 짚으며 문제점을 찾다 스탬프를 꾸욱 누르며 다시 기운을 얻었다. 멤버 간에 서로 질문이 과열될 때도 있고, 문제에 대해 멤버끼리 상대방을 탓하는 일이 벌어지지 않도록 조율하느라 꽤 지쳤기 때문이다. 루나가 스탬프를 찍을 때마다 다른 멤버들도 선택한 문제점 옆에 스탬프를 찍으며 따라왔다.

모두 어린이가 되어 도장 찍는 놀이를 하는 것처럼, 분위기가 살아났다. 덩달아 지금껏 찾은 문제점도 덜 어렵게 느껴졌다. 문제점을 HMW 질문으로 전환하기에 딱 알맞은 타이밍이었다.

"자, 여러분! 지금까지 찾은 문제들을 HMW 질문으로 다시 써볼까요?"

루나는 중요한 문제점 포스트잇을 복사해서 워크숍 공간의 HWM 섹션에 붙여 넣었다. 그리고 새로운 도형을 추가해서 'How Might We…(어떻게 하면 우리가 ~할 수 있을까?)' 질문을 만들었다. 루나가 질문 초안을 빠르게 작성하고, 참여자들이 질문을 다듬어가며 총 3개의 질문을 완성했다.

❶ 포스트잇 복사 후 새로운 섹션에 붙여 넣기
❷ 관계있는 포스트잇끼리 그루핑
❸ 피그잼 툴바의 도형 아이콘 선택
❹ 직사각형 노형 추가
❺ 질문을 적을 때 글자 크기 및 스타일 조정

## 3개의 HMW 질문

1. 어떻게 하면 PM이 PRD에 신규 기능을 정의할 때, 다양한 유저 스토리를 포함하도록 할 수 있을까?

2. 어떻게 하면 디자이너가 소프트웨어 엔지니어에게 핸드오프한 후에, 추가 질문과 피드백이 스쿼드 멤버들에게 전달될 수 있을까?

3. 어떻게 하면 우리가 제품에 심각한 에러가 발생했을 때, 에러의 원인을 파악함과 동시에 실제 사용자들(end-user)의 피해를 최소화하고 정상적인 제품과 서비스를 제공할 수 있을까?

루나가 정리된 3개의 HMW 질문을 소리 내어 읽었다. 마지막 질문을 읽을 때, 유진의 빈자리가 다시 느껴졌다. 스탬프를 찍으며 재미있어하던 스쿼드 멤버들도 세 번째 질문을 듣고서 진지한 얼굴로 돌아왔다. 이제는 선택과 집중을 할 시간, 루나는 아이디어 활동 'crazy 8'을 준비했다.

🙂 "지금부터 정의한 질문에 대한 아이디어를 내는 시간을 가질 거예요. 모두 스케치할 준비
됐나요?"

종이와 펜을 팔랑거리며 보여주는 자비에르와 로렐라이가 화면에 보였다. 루나는 엄지를 척!
올려서 보여주며, crazy 8 활동 방법을 소개했다.

🙂 "1칸에 스케치를 1개 하는 거예요. 1분마다 타이머를 울리겠습니다. 8번째 타이머가 울
리면 활동 종료입니다!"

😊😐🙂 "Let's gooo!"
단단 로렐라이 자비에르

열정 넘치는 멤버들의 대답과 함께, 루나는 피그잼 타이머를 실행시켰다. 모든 참여자가 스케
치에 집중하게, 루나는 마이크를 꺼달라고 요청했다. 조용한 가운데 네 번째 타이머가 울렸다.
그러자 단단이 조용하게 한마디 던졌다.

🙂 "저⋯ 루나? 노래를 같이 들으면서 스케치하는 건 어때요? 너무 조용하니까 집중이 안
단단 돼요."

루나는 유진이 알려줬던 퍼실리테이션 팁이 그제야 떠올랐다. 타이머 기능과 연동된 피그잼
배경 음악 플레이어를 실행하자 참여자 모두 리듬을 타면서 스케치를 계속했다. 나머지 4분
동안 루나가 DJ처럼 음악 장르를 바꿔가며 분위기를 띄웠다.

🙂 "시간 종료입니다! 종이에 스케치한 사람들은 사진을 찍어서 피그잼에 업로드해주세요.
업로드 마친 후에 10분간 휴식하겠습니다."

루나는 휴식 시간 종료를 알리는 10분 타이머를 설정했다. 참여자들이 자리를 잠시 비운 사
이, 루나는 빠르게 업로드된 이미지들을 살펴보았다. 스쿼드 멤버들의 개성만큼 다양한 스타
일의 스케치로 가득했다.

모든 멤버가 자리에 돌아오기까지 시간이 조금 남은 상태, 루나는 마침 생각난 아이디어가 있
어서 노트에 재빠르게 스케치했다. 스케치한 아이디어를 아이폰으로 찍은 후, 에어드롭으로
사진을 랩톱으로 옮겼다. 다운로드받은 사진을 드래그해서 피그잼 파일에 올린 후, 커피를 한
잔 내렸다. 커피를 한 모금 마시고 머리가 맑아지자, 갑자기 헷갈리는 부분이 생겼다.

🙂 "잠깐⋯ 퍼실리테이터는 중립적인 역할을 해야 하니까 아이디어를 내면 안 되는 것 아
루나 닌가? 스케치를 삭제할까? 유진이 있었다면 물어볼 텐데, 어떡하지?"

루나가 갈팡질팡하며 결정할 새도 없이, 피그잼 타이머가 울렸다. 루나의 마지막 스케치가 추가된 상태로 다음 활동으로 넘어갈 수밖에 없었다.

카메라에 너무 가까이 다가온 나머지 얼굴이 화면에 꽉 찬 로렐라이를 시작으로, 단단과 자비에르까지 피그잼 스포트라이트를 사용하여 아이디어를 발표했다.

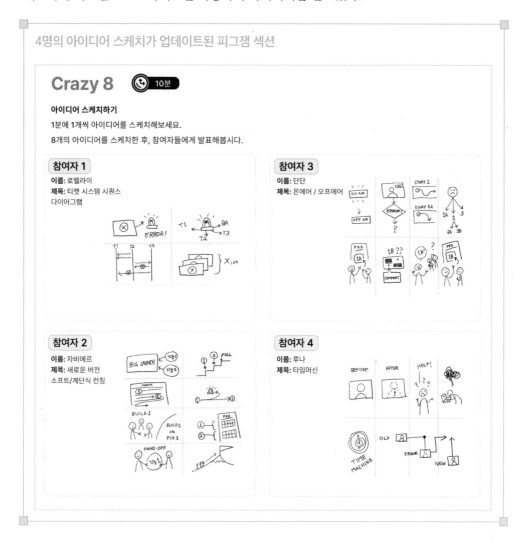

4명의 아이디어 스케치가 업데이트된 피그잼 섹션

발표하는 과정에서 자신의 아이디어와 비슷한 점이나 추가하고 싶은 아이디어를 나누면서 자유로운 형식으로 발표를 마쳤다. 스쿼드 멤버 3명의 발표가 끝나고, 이미지 하나가 피그잼 섹션에 남자 자비에르가 물었다.

"어? 이미지가 하나 남네요? 루나 건가요? 아이디어 설명해주세요!"

루나가 걱정한 것처럼, 중립적인 위치에서 참여자들의 의견을 끌어내는 게 퍼실리테이터의 역할이다. 중립자의 역할을 수행하는 사람이 아이디어를 직접 제시하면, 참여자들의 의견에 주관적으로 개입하는 결과를 낳을 수 있어, 주의하는 것이 좋다. 하지만, 루나는 케르베로스 스쿼드 멤버들과 협업하는 사람의 입장에서 공감하는 마음으로 스케치한 아이디어니까, 워크숍에 도움된다고 판단하고 참여자들의 신뢰를 깨지 않는 선에서 발표하기로 했다.

> 🙂 "저는 세 번째 HMW 질문에 대한 해결 방안을 생각해봤어요. 제 아이디어 콘셉트는 타임
> 루나 머신이에요. 유진이 사라진 이후, 멘토 없이 혼자서 온보딩 미션을 해결하는 게 힘들었거
> 든요. 그때 떠오른 게 타임머신이었어요. 모르는 것들을 과거로 가져가서 유진이 사라지
> 기 전에 멘토링받을 수 있다면? 하지만⋯ 구체적으로 어떻게 구현할지는 좀 더 시간을
> 가지고 생각해봐야 할 것 같아요."

루나는 자신의 스케치를 발표하느라 피그잼 보드에 집중해 미처 보지 못했지만, 케르베로스 스쿼드 멤버들의 눈이 반짝거렸다.

> 🙂 "이제 모든 아이디어를 둘러보았으니까, 투표하겠습니다. 지금 투표한 결과는 오늘 숙제
> 루나 에 영향이 있으니, 신중하게 골라주세요! 공개 투표로 진행할 예정이니까, 각자 프로필을
> 보도록 스탬프를 사용해주세요. 참여자 수에 비해서 스케치가 많으니까, 한 사람당 총 3
> 개 선택하도록 할까요?"

아이디어 투표를 할 때 공개 투표를 할지 비공개로 진행할지 퍼실리테이터가 투표 전에 미리 안내하는 것이 참여자들에게 편리하다. 투표 결과를 두고 의견을 나누거나 참여자들의 관심사를 파악하길 원한다면 투표자의 표를 알아보도록 프로필 스탬프를 사용하는 것을 추천한다.

피그잼은 참여자들의 이름을 마우스 포인터와 함께 표시하므로 완벽한 비공개 투표가 어렵다는 단점이 있다. 다른 사람이 어떤 선택지에 투표했는지 결과가 보여 비공개 투표는 퍼실리테이션이 더 필요하다. 비공개 투표를 진행하고 싶다면, 투표에 사용할 스탬프 또는 도형을 미리 클립보드에 복사하고, 퍼실리테이터의 신호에 따라 모든 투표자가 동시에 붙여 넣는 방법을 시도할 수 있다.

루나의 마지막 아이디어까지 총 24개의 스케치 중, 타임머신 아이디어가 참여자 전원에게 선택받아서 최다 득표했다. 루나는 자기 아이디어가 선택될 줄 몰라 깜짝 놀랐지만, 스쿼드 멤버들의 결정을 믿고 따르기로 했다. 투표 결과를 발표한 뒤, 루나는 숙제를 알렸다.

"스프린트 둘째 날도 정말 잘해주었어요. 고마워요, 여러분! 오늘의 숙제는 투표로 선택한 '타임머신' 아이디어를 활용해서 딱! 한 가지 솔루션을 스케치하는 거예요. 솔루션의 제목, 설명 그리고 어떻게 작동하는지, 스케치해서 내일 워크숍 시작 전까지 피그잼 섹션에 업로드해주세요. 솔루션 스케치 기대할게요."

케르베로스 스쿼드 멤버 모두 각자의 아이디어가 있는지 눈을 반짝이며 인사를 건넸다. 루나는 미팅이 종료된 후 검은 스크린을 보면서 안도의 한숨을 내쉬었다. 워크숍 둘째 날도 참여자들이 집중력을 잃지 않고 따라와 주어 계획한 활동을 모두 수행할 수 있었기 때문이다. 무엇보다도, 루나가 생각한 아이디어가 케르베로스 스쿼드 멤버들의 관심 대상이 될 거라 예상하지 못했기에 앞으로 어떤 솔루션이 나올지 궁금했다.

## 2 │ 서비스 블루프린트 만들기

디자인 스프린트 3일 차 워크숍을 앞두고 루나는 오전 시간을 활용하여 솔루션을 스케치하기로 했다. 어떻게 스케치할까 고민하다가 서비스 블루프린트를 그리기로 했다.

### 수요일: 솔루션 스케치

서비스 블루프린트는 서비스와 제품을 사용하는 고객의 경험을 세부 단위로 나눠서 단계별로 서비스 제공자와 상호 작용하는 과정을 시각화하는 것을 말한다. 고객과 서비스 제공자 사이의 경험을 세분화해서 분석할 수 있을 뿐만 아니라, 기존의 프로세스를 개선하는 솔루션을 시각적으로 표현할 수 있어 서비스 디자이너들이 자주 사용하는 도구 중 하나다.

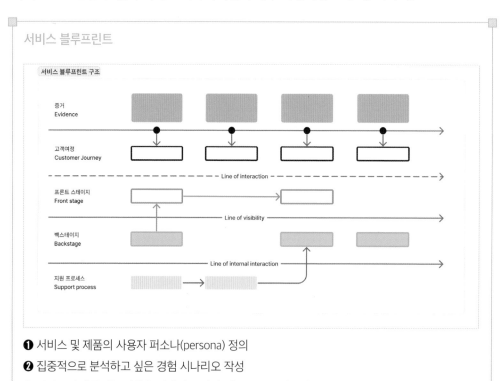

서비스 블루프린트

❶ 서비스 및 제품의 사용자 퍼소나(persona) 정의
❷ 집중적으로 분석하고 싶은 경험 시나리오 작성
❸ 서비스가 제공하는 경험을 단계별로 나눠 열(column) 만들기
❹ 사용자 관점에서 서비스를 사용하는 과정을 시간의 흐름에 따라 기록한 행(row) 추가

❺ 아래 행에 사용자와 서비스의 터치포인트(touchpoint) 추가

❻ 서비스 제공자가 내부적으로 상호 작용하는 단계를 새로운 행으로 기록

❼ 내부적으로 사용하는 툴과 시스템을 기록하는 행을 추가

❽ 그 외 서비스와 관련된 외부 툴이나 시스템, 기업 등이 있다면 추가

루나는 케르베로스 스쿼드 멤버들이 서로 교차하면서 작업하는 부분과 각 단계의 하데스 개발 상황을 한꺼번에 시각화하기로 했다. 하지만 서비스 블루프린트는 여러 관점에서 상호 작용을 단계적으로 해체하여 시각화하는 작업이라, 규모에 따라 시간이 오래 걸릴 수 있다. 루나는 효율적으로 시간을 관리하려고 피그잼에서 제공하는 템플릿을 활용하기로 했다.

🧑 "서비스 블루프린트, 오랜만에 실력 발휘해보자!"
루나

## 템플릿 사용 방법

❶ 새로운 피그잼 파일 생성

❷ 템플릿 메뉴 클릭

❸ 원하는 템플릿 선택

❹ 템플릿을 필요에 따라 수정 및 변형

기합 소리와 함께 루나는 유진이 사라졌을 때의 기억을 떠올렸다. 입사한 날부터 매일 의지하던 멘토가 사라지자, 누구에게 어떻게 상황을 설명해야 할지조차 몰라 자기 경험을 한 단계씩

적었다. 자신이 얼마나 혼란스러웠는지 감정적인 부분부터 시작해서, 그 후에 오토마타에서 내부적으로 어떻게 상황에 대처했는지 자비에르와의 긴급 미팅 내용을 되짚어보았다.

> 🐼 "유진이 행방불명된 시점부터, 여러 팀이 각자 에러의 원인을 찾으려고 분석했다고 했지.
> 루나  AI 부서, 알고리즘 팀, 케르베로스 스쿼드⋯ 하데스에서 최신 알고리즘 버전을 릴리즈할 때 에러가 났다고 했지? 만약에 에러가 나자마자, 타임머신이 작동해서 과거의 유진을 에러가 발생한 시점으로 불러올 수 있을까? 이게 기술적으로 가능할까?"

루나는 기억에 의존해서 현재 유진이 사라졌을 때 오토마타가 어떻게 에러를 처리했는지 서비스 블루프린트 형태로 기록을 마쳤다. 그리고 타임머신 기능이 있다면 어떻게 프로세스가 바뀔지 비교할 만한 시각 자료를 추가했다. 기술적인 지식 없이 얼기설기 얽힌 러프한 내용이었지만, 루나는 스쿼드 멤버들이 부족한 부분을 채워줄 거라고 믿었다.

> 🐼 "그나저나, 하루 종일 사람이 없어졌다고 혼자 걱정했지. 유진은 어떻게 된 걸까?"
> 루나

유진이 마지막에 보였던 혼란스러운 표정이 루나의 기억에서 지워지질 않았다. 유진이 AI라는 사실을 알면서도, 루나는 유진이 무사하길 바랐다. 감성적으로 화면을 응시하던 것도 잠시, 참여자들이 미팅에 입장하며 디자인 스프린트 3일째 일정이 시작됐다.

> **〉TIP**
>
> 피그잼에서 제공하는 템플릿에는 해당 툴 또는 프레임워크를 사용하는 방법을 안내하는 글이 함께 추가되어 있습니다. 템플릿 내용을 채우기 전에 설명 글을 읽어보고 차례대로 따라 하면 수월하게 템플릿을 사용할 수 있으니, 꼭 참고하세요.
>
> 원하는 템플릿을 찾을 수 없다면, 제공된 템플릿 중에서 비슷한 용도의 파일을 수정하여 사용해서 시간을 절약해보세요.

## 솔루션 스케치 발표하기

> 🐼 "모두 빠짐없이 숙제를 제출했네요, 고맙습니다! 한 명씩 아이디어를 발표해볼까요? 발표 형
> 루나  식은 엘리베이터 피치(elevator pitch)예요. 시간은 3분으로 제한하겠습니다. 발표를 듣는 분들은 3분 제한 시간이 끝날 때까지 기다린 후에 질문해주세요. 질문 시간은 2분입니다."

디자인 스프린트의 3일 차는 중요한 날이다. 4일 차가 되면, 모든 참여자가 프로토타이핑에 시간을 투자해야 한다. 퍼실리테이터는 디자인 스프린트 참여자들이 본격적인 작업에 들어가기 전에, 전원 모두 동의하는 솔루션을 정의해야 한다. 참여자들이 한마음으로 집중하는 솔루

션을 모두에게 얼라인(align) 시키는 것이 루나의 목표였다. 그러다 보니 솔루션을 충분히 논의할 시간이 필요할 것 같아서 루나는 시간 조율에 신경을 썼다.

### 솔루션 스케치 숙제 결과

- **단단**: 타임머신 블랙 앤드 화이트 모드, 멘토링 도중 에러가 발생했을 경우 멘토가 사라져서 사용자가 당황하는 것을 방지하고자 화면을 흑백으로 전환하고 에러를 알린다.
- **로렐라이**: Boom! 타임머신 파이어! 하데스 툴에 에러 발생 시 직전 버전으로 자동 변화해서 사용자가 지속해서 멘토링하도록 한다. 내부적으로 에러 발생 JIRA 티켓을 발행해서 관련 부서들을 태그한다.
- **자비에르**: 시간 여행 메신저. 에러가 발생하는 동안 멘티가 멘토링 받고 싶은 부분을 기록하여 미래의 멘토에게 전달하는 메시지 기능. 에러가 해결되고 멘토가 돌아올 때 멘티가 미리 보냈던 질문에 대한 답을 준비해 온다.

"정말 다양한 아이디어가 나왔네요! 제목, 아이디어 설명 그리고 어떻게 작동하는지 자세하게 소개해줘서 고맙습니다. 이제 히트맵(heat-map) 투표를 해볼까요?"

"오-노! 루나, 아직 너의 아이디어를 못 들었는걸?"

"맞아요, 저도 로렐라이랑 같은 생각이에요. 루나 덕분에 타임머신 아이디어가 나왔는데, 솔루션 스케치 보고 싶어요!"

우렁찬 목소리의 로렐라이는 그렇다 치고, 단단까지 가세해서 루나의 아이디어를 보여달라고 졸랐다. 하지만 루나는 발표를 주저했다. 물론 루나도 다른 스쿼드 멤버들처럼 열심히 솔루션 스케치를 준비했지만, 참여자들이 가져온 솔루션만큼 뚜렷한 기능에 대한 아이디어는 아니었다. 서비스 제공자의 내부 시스템과 프로세스에 대한 아이디어가 얼마나 도움이 될지, 루나는 퍼실리테이터로서 어떤 결정을 해야 하나 망설였다. 그때 분위기를 정리한 건 요가 마스터 PM, 자비에르였다.

> 🧑‍🦱 "루나, 어떤 아이디어인지 보여줄 수 있나요? 지금까지 나온 기능들로 히트맵 투표를 하기엔, 서로 많이 다른 아이디어라 투표 기준이 명확하지 않을 것 같아요. 어떤 아이디어라도 좋으니, 다양한 선택지를 보고 싶어요. 똑같이 엘리베이터 피치 형식으로 진행하면 시간도 지체되지 않을 테고요."

자비에르까지 인자한 미소를 띠며 부탁하자, 루나는 준비했던 서비스 블루프린트 피그잼 파일을 열었다. 고객의 경험부터, 오토마타 내부 프로세스가 모두 전개된 시각 자료를 보자 스쿼드 멤버들의 입이 벌어졌다.

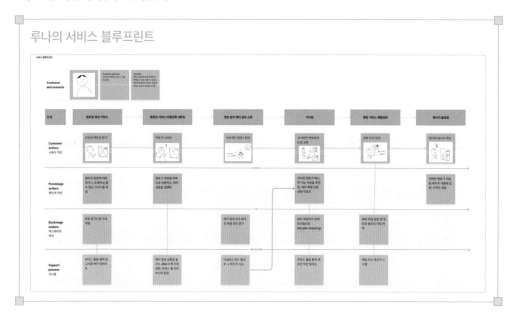

> 🧑 "WOW, 이걸 하루 만에 만들었다고? 대단한데?"

> 🧑‍🦱 "엔드투엔드 경험을 한눈에 볼 수 있네요. 루나, 정말 잘했어요!"

모두 칭찬의 말을 아끼지 않자, 루나는 그제야 자신감을 되찾고 아이디어 발표를 마쳤다. 자비에르는 칭찬과 함께, 새로운 투표 방법을 제안했다.

👤 "루나, 서비스 블루프린트를 활용해서 히트맵 투표를 하면 어떨까요? 현재 사용자가 가장
어려움을 느끼는 부분이 어디인지 찾아서 1차 투표를 하고, 지금까지 우리가 생각한 솔루
션 기능들이 어떤 부분을 개선해줄지 2차 투표를 하는 거예요."

👤 "저는 찬성이에요!"
단단

👤 "나도! 찬! 성!"
로렌라이

만장일치로 투표 방법이 결정되자, 루나는 지금껏 발표한 서비스 블루프린트를 워크숍 공간
으로 옮긴 뒤, 스포트라이트 기능을 활용하여 모든 참여자가 전체 화면을 보도록 했다. 참여
자들에게 각각 5개의 스티커를 활용하여 1차 투표를 했다.

👤 "온라인 멘토링 서비스를 이용하는 사용자들이 가장 큰 어려움을 느끼는 부분에 투표해
루나   보았는데요, 결과를 볼까요?"

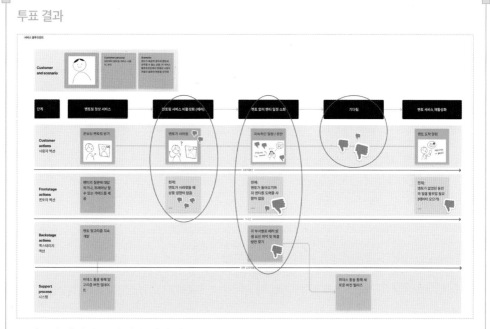

- 멘토가 사라졌을 때 상황 설명이 없음
- 멘토가 돌아오기까지 멘티를 도와줄 사람이 없음
- 에러가 해결될 때까지 부서별로 에러의 원인을 개별적으로 분석하다 보니, 사용자의 대기 시
  간이 길어짐

서비스 블루프린트의 장점은 기록한 고객의 경험 사이에 빠진 부분을 찾아낼 수 있다는 점이
다. 고객이 단계별로 경험하는 것들을 검토하면 갭(gap)이 보인다. 고객의 관점에서 경험을

더욱 매끄럽게 연결하는 기회를 발견하며 동시에 다양한 이해관계자가 함께 고객의 경험과 서비스 제공자의 상호 작용을 처음부터 끝까지 리뷰해본다.

케르베로스 스쿼드 멤버들은 서비스 블루프린트를 읽으면서, 온라인 멘토링 서비스가 현재 제공하지 않는 '빠진 부분'을 잘 찾아냈다. 투표한 부분이 각 '단계'가 아니라, 빠진 부분을 공략한 것도 스마트한 선택이었다. 루나는 투표 결과를 발표하고, 2차 투표를 진행하려고 했다. 그때 단단이 의견을 냈다.

> 🧑 "저··· 루나, 제 생각엔 1차 투표 결과랑 우리가 스케치한 솔루션 아이디어가 대부분 잘 매칭되는 것 같아요. 그냥 세 가지 아이디어 모두 선택할 수는 없나요?"

기본적으로 디자인 스프린트는 하나의 문제에 집중하여 해당 문제를 해결하는 것이 원칙이므로, 순조로운 테스트와 검증하고자 아이디어 한 가지에 집중하는 것을 추천한다. 하지만, 디자인 스프린트를 통해서 혁신적인 아이디어를 많이 도출하다 보니 프로토타입을 만들어야 할 아이디어를 단 하나만 선택하기가 어려울 수 있다.

만약 케르베로스 스쿼드의 상황처럼 좋은 아이디어가 너무 많을 때는 '우선순위 관리 매트릭스(impact effort matrix)'를 활용할 수 있다. 매트릭스 작성 방법은 간단하다. 아이디어가 실현되었을 때의 효과(impact)와 아이디어를 구현하려고 서비스 제공자가 들여야 하는 노력(effort)을 낮음-높음 기준에 따라 각 아이디어를 배치하고, 일의 우선순위를 참여자들과 함께 정리한다.

루나는 프로토타이핑하는 아이디어의 우선순위를 결정하려면 퍼실리테이션이 필요한 시점이라고 판단하고, 피그잼에서 제공하는 'impact effort matrix' 템플릿을 워크숍 공간에 추가했다.

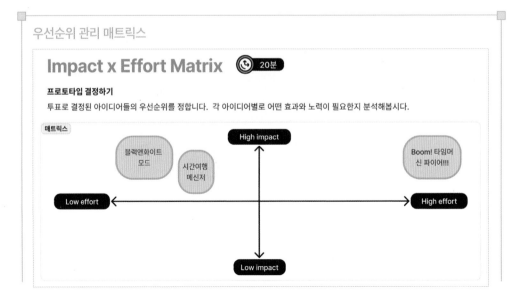

- High impact x high effort: Boom! 타임머신 파이어!!!
- High impact x mid effort: 블랙 앤드 화이트 모드
- Mid impact x low effort: 시간 여행 메신저

👤 단단 "프로덕트 디자이너 입장에서 봤을 때 블랙 앤드 화이트 모드는 low effort예요. 흑백 UI 는 디자인 시스템에 벌써 등록되어 있거든요."

👤 지비아루 "단단, PM 입장에서 봤을 때 에러가 발생했다고 사용자에게 안내하는 플로우(flow)가 아 직 빌드업되지 않았으니까 mid effort에 가깝다고 생각해요."

👤 로렐라이 "헤이, 제일 멋진 아이디어는 바로 나의 아이디어, 붐! 이라고. 다 같이 이번 주 내내 시간 을 투자해서 큰 임팩트를 만들면 어때?"

참여자들이 생각하는 노력의 정도가 달라, 루나가 준비한 우선순위 관리 매트릭스를 통해 서 로 생각하는 중요도와 어려움을 이해할 수 있었다. 퍼실리테이터의 가이드에 따라, 케르베로 스 스쿼드는 디자인 스프린트 기간 내에 솔루션 개발과 테스트를 모두 완료하는 아이디어를 점차 좁혀나갔다.

> 블랙 앤드 화이트 모드 + 시간 여행 메신저
> 1. 에러가 발생한 순간 멘토의 화면을 흑백으로 전환
> 2. 멘토링을 중단하고 멘토가 멘티에게 에러 상황을 안내함
> 3. 에러를 수정할 때까지 멘토에게 문의하고 싶은 내용을 전달하는 메신저 버튼 생성
> 4. 멘티가 메시지를 보내면 멘토에게 접수되었다는 안내 메시지 표시
> 5. 에러 수정 완료 후 멘토가 돌아오면, 멘티에게 알람 보내기
> 6. 멘토가 이전에 접수된 멘티의 질문에 메일로 회신
> 7. 멘토가 멘티와 폴로 업(follow up) 미팅 초대장 보내기
> 8. 멘토링 재개

👤 루나 "여러분, 최종적으로 결정된 솔루션을 정리하겠습니다. 잘 듣고, 내일까지 프로토타입을 준비해주세요. 개별적으로 개발하다 보면, 분명히 크로스 팀 리뷰(cross team review) 가 필요한 부분이 생길 거예요. 내일 워크숍에서 함께 프로토타입을 최종 점검하고, 테스 트 준비할 거니까 빌드(build)가 완벽하지 않아도 괜찮습니다!"

루나는 숙제를 발표할 때 '완벽하지 않다'는 점을 재차 강조했다. 프로토타입을 만들 때, 주의할 점은 최소한의 기능만 하는 버전을 만드는 것이다. 테스트할 때, 테스트 대상이 솔루션의 포인

트에 집중해야 하는데, 프로토타입이 지나치게 시각적이거나 다른 요소가 많으면 테스트의 목적을 잃고 피드백의 방향도 흐려진다. 따라서 프로토타입의 완성도는 콘셉트를 알아볼 정도, 테스트 참가자가 프로토타입이 어떻게 작동하는지 이해할 수준의 완성도를 추구하는 것이 좋다.

> 🧑 "걱정하지 마세요, 저랑 로렐라이가 드래프트 버전(draft version)을 작업할 거니까요."
단단

> 🧑 "YES, Team!"
로렐라이

루나는 단단과 로렐라이가 호흡을 맞추는 모습이 꽤 자연스러워졌다고 느껴, 자기도 모르게 미소 지었다.

## 🔵 목요일: 프로토타이핑

마침내 참여자 전원이 동의하는 솔루션이 결정됐다. 이제 남은 단계는 프로토타입을 만들고 아이디어를 테스트하는 것이다.

단단과 로렐라이가 디자인 파일과 빌드 작업을 하는 동안, 루나는 서비스 블루프린트를 다시 작성하기로 했다. 그룹 활동으로 드래프트 작업을 리뷰할 때, 서비스 블루프린트를 같이 보면서 백스테이지의 상호 작용이 어떻게 이루어지는지 디테일을 놓치고 싶지 않았기 때문이다. 프로토타입에 맞춰 새로운 블루프린트를 만들려고 하는데, 루나에게 한 가지 어려운 점이 생겼다.

> 🧑 "서비스 블루프린트에 프로토타입 스크린샷을 추가할 수 있을까? 고객의 경험 단계에 따라서, 멘토의 상태나 UI가 변하는 걸 시각적으로 보여주고 싶은데… 단단이랑 로렐라이에게 스크린샷을 보내줄 수 있는지 물어봐야겠다!"
루나

루나의 요청에 먼저 회신한 사람은 단단이었다.

> 🧑 "루나, 로렐라이는 빌드 작업 중이라 회신이 조금 느릴 거예요. 흑백 모드 디자인 라이브러리(library) 수정 작업이 아직 끝나지 않았는데, 혹시 피그마 디자인 파일로 새로운 블루프린트를 작업해보는 건 어때요? 스크린샷 대신에, 디자인 시스템에 등록된 컴포넌트(component)를 사용하면 나중에 루나가 별도로 파일에 수정할 것 없이, 제가 수정한 컴포넌트도 자동으로 업데이트될 거예요."
단단

메시지에는 단단과 로렐라이가 작업 중인 피그마 디자인 파일 링크가 첨부되어 있었다. 루나는 단단이 회신한 내용에 모르는 단어가 많아서 혼란스러웠는데, 단단의 코멘트를 보고 겨우 내용을 이해했다.

## 단단의 코멘트

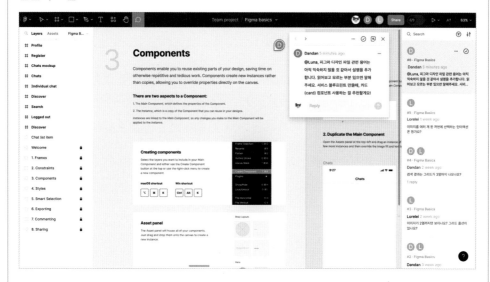

👦 "@루나, 피그마 디자인 파일 관련 용어는 아직 익숙하지 않을 것 같아서 설명을 추가할게요.
단단 읽어보고 모르는 부분 있으면 말해주세요! 서비스 블루프린트를 만들 때 카드(card) 컴포넌
트를 사용하는 걸 추천할게요."

단단의 설명 덕분에 루나는 요청 사항을 이해할 수 있었다. 아직 스프린트 워크숍 4일 일정이 시작되기 전이라서, 로렐라이와 단단이 실시간으로 변경하는 디자인 파일이 있는데 만약 루나가 미완성된 스크린샷을 추가해서 서비스 블루프린트를 만들면 마지막에 빌드 완료된 프로토타입과 일치하지 않는다. 루나가 스크린샷을 하나씩 별도로 변경하는 수고를 줄이도록, 단단이 피그마 디자인 파일의 컴포넌트 사용을 권장한 것이었다.

> **TIP**

**팀 라이브러리란?**

디자인 시스템의 컴포넌트와 스타일을 반복해서 사용하고 관리하는 기능이 피그마 팀 라이브러리입니다. 팀 라이브러리에 업데이트되는 요소들이 자동으로 다른 멤버들의 파일과 동기화되어 자동으로 최신 디자인 요소들이 적용됩니다.

**컴포넌트란?**

컴포넌트는 화면의 구성 요소라는 뜻입니다. 버튼(button), 토글(toggle), 카드(card), 텍스트 필드(text field) 등 한 번 이상 반복적으로 사용하는 UI 요소를 말합니다. 자주 사용하는 요소를 미리 디자인 에셋(design asset)으로 저장해두면, 새로운 화면이나 디자인할 때 시간을 절약할 수 있습니다.

디자인 시스템에 이미 등록된 메인 컴포넌트(main component)를 찾아서 복사해보세요. 복사한 요소는 인스턴스(instance)라고 불러요. 메인 컴포넌트 파일을 수정하면, 인스턴스들이 자동으로 업데이트됩니다.

루나는 블루프린트를 작성하기 위해 피그마를 열어서 새 디자인 파일을 만들었다. 입사한 첫 주에 단단이 피그마 디자인 파일의 구조에 대해서 안내해준 적이 있어 비교적 쉽게 기본적인 세팅을 완료했다. 가장 첫 번째 단계는 피그잼의 '섹션'처럼 작업 공간을 만드는 일이었다.

피그마 디자인 파일에 작업 공간을 만들 때는 '프레임(frame)'이라는 용어를 사용한다. 프레임 영역 안에 있는 요소들은 함께 이동, 수정이 가능해 피그잼 '섹션'과 비슷한 개념으로 사용한다.

프레임 생성 방법

❶ 단축키 <F> 또는 <Frame> 버튼 클릭
❷ 제목을 '타임머신 서비스 블루프린트'로 수정

피그잼에서 그렸던 것처럼 행과 열을 구분하는 선을 추가한다. 선과 도형의 색깔을 수정할 때, 디자인 시스템에 정의된 색상을 라이브러리에서 선택하여 사용하면 다른 디자인 파일들과 일관된 스타일을 유지할 수 있다.

## 서비스 블루프린트 틀 만들기

[1] 디자인 파일 상단 메뉴의 도형 및 선 그리기 버튼을 클릭한다. 선을 그릴 때는 <Shift> 키를 누른 후 직선으로 그을 수 있다.

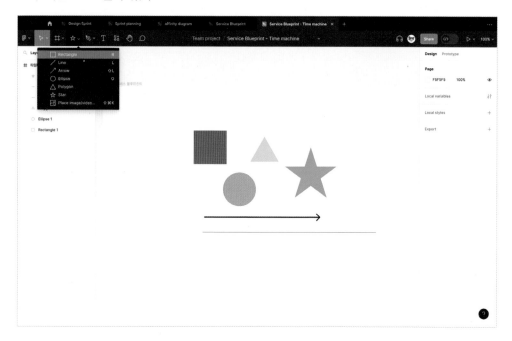

[2] 우측 패널의 Stroke 항목에서 선 색상을 변경한다.

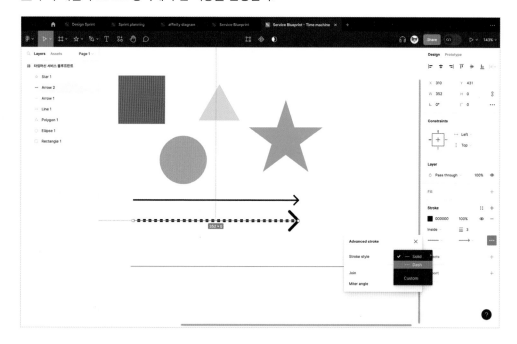

③ 우측 패널 Fill 항목에서 도형 색상을 변경할 수 있다. 라이브러리 색상 선택 완료 후에 틀이 완성되었다고 여겨지면 [Lock]로 고정한다.

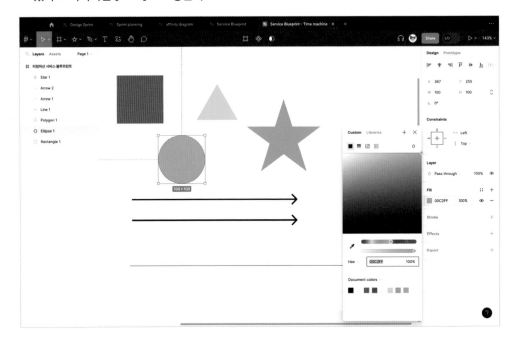

## 컴포넌트 사용해보기

피그마 디자인 파일과 팀 라이브러리가 연결되어 있는지 확인하고, 저장된 컴포넌트를 자유롭게 검색해서 사용한다.

① 카드 컴포넌트를 검색하고 원하는 컴포넌트를 복사한 후 붙여넣기하여 디자인 파일에 입력한다.

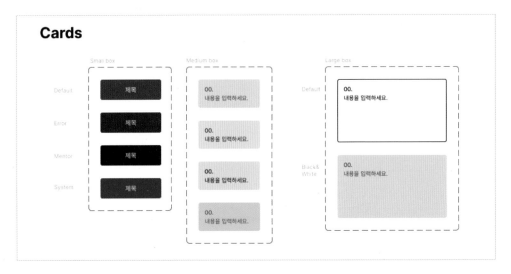

2 컴포넌트를 변형하기 위해 우측 패널에서 프로퍼티 리스트의 드롭다운 버튼을 클릭한다.

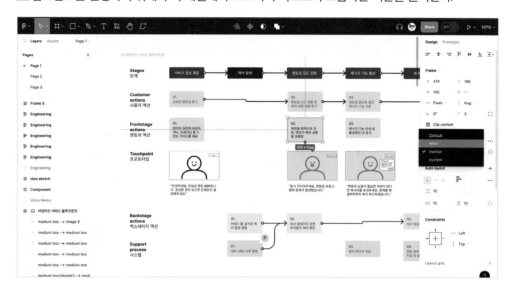

3 Property를 'error'로 지정한다. 이렇게 좀 더 다채롭게 활용할 수 있는 컴포넌트의 다양한 프로퍼티 상태를 컴포넌트의 배리언트(variants)라고 한다.

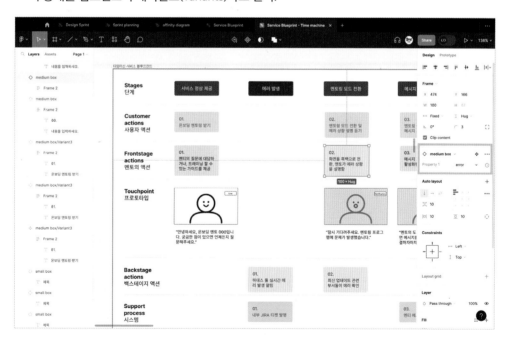

서비스 블루프린트에서 각 경험의 단계를 흐름도로 시각화하려고 화살표를 사용한다. 루나는 피그마 디자인 파일에서 화살표를 그리려다가, 피그잼과 다른 점을 알았다. 피그잼에서 화살표를 그릴 때는 포인터를 연결하려는 오브젝트 근처로 가져가기만 하면 알아서 연결 핸들이 보였다. 그런데 피그마로 작업할 때는 화살표 연결 핸들이 보이지 않았다.

루나가 첫 번째로 시도한 방법은 화살표를 하나씩 수동으로 추가하고, 꺾인 선을 하나씩 수정하는 방법이었다.

화살표 연결하기

❶ 디자인 파일 상단 툴바에서 화살표 그리기 버튼 선택
❷ 화살표 시작하고 싶은 위치 클릭
❸ 화살표 마치고 싶은 곳 클릭
❹ 화살표를 수직으로 긋고 싶을 땐 <Shift> 키 누른 채 진행한다.

## 꺾인 화살표를 만들고 싶을 때

1 화살표 더블 클릭한 후 핸들이 나타나면 클릭 후 드래그한다. 꺾이는 포인트를 반복해서 추가한다.

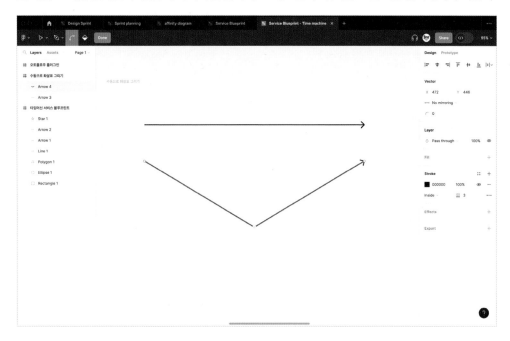

2 우측 패널 Stroke 항목에서 화살표의 선 두께, 화살표 스타일, 선 스타일을 선정한다.

🧑 "생각보다 시간이 훨씬 많이 걸리네? 피그잼으로 돌아가야 하나···."

고민하던 루나에게 메시지가 도착했다. 이번엔 로렐라이였다.

🧑 "Hey, 루나! 아까 메시지 보냈는데, 아직 블루프린트 작업 중이야? 내가 자주 사용하는 오토플로우(Autoflow) 플러그인(plug-in) 사용해볼래?"

로렐라이가 추천한 '플러그인'은 일종의 확장 프로그램을 말한다. 공식 소프트웨어에서 지원하는 기능 외에, 새로운 기능 또는 확장된 기능을 개인 또는 단체가 개발하여 유·무료로 지원하는 프로그램이다. 피그마 플러그인은 개인의 업무 효율을 높이고자 꼭 필요한 기능을 보완할 수 있다는 장점이 있다. 피그마 커뮤니티에서 다양한 종류의 플러그인을 선택 및 설치할 수 있다.

## 오토플로우 플러그인 설치하기

1 피그마 [Community] 탭 선택하거나 피그마 '커뮤니티' 웹사이트에 방문한다.

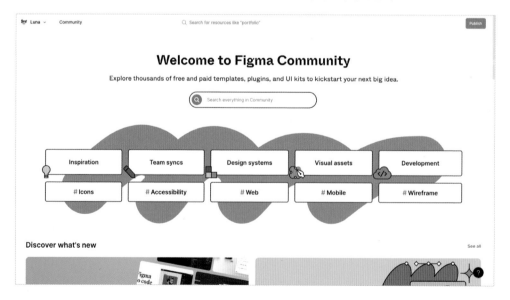

2 'Autoflow' 플러그인을 검색한 후 설치한다.

3 피그마 디자인 파일을 우클릭한 후 [Plugins] → [Saved and recent] 메뉴를 선택하여 설치된 플러그인을 확인한다. 저장한 플러그인이 많을 경우에는 [Plugins] → [Search all resources]에서 'Autoflow'를 검색한다.

2023년 9월 기준, 오토플로우 플러그인은 디자인 파일 1개당 50개의 플로우 연결을 무료로 제공합니다. 무제한으로 사용하고 싶다면, $29 결제 버전을 사용할 수 있습니다.

특히 오토플로우 플러그인은 피그마 사용자들 사이에서 유명한데 그 이유는 피그마가 지원하는 기본 기능만으로는 서비스 흐름도, 플로우 차트(flow chart) 등의 시각화 작업이 쉽지 않기 때문이다. 정보 구조(Information Architecture, IA) 등을 확인하면서 작업해야 하는 소프트웨어 엔지니어들에게 오토플로우 플러그인은 피그마의 단점을 보완해주는 오아시스 같은 존재다.

> "루나, 플로우를 만드는 작업을 할 때 피그마 기본 기능만으로는 부족하더라고. 오토 플로우를 사용하면 화살표 연결하느라 고생할 필요 없어. Good luck!"

루나는 적절한 타이밍에 로렐라이의 도움을 받아 오토플로우 플러그인을 사용해서 서비스 블루프린트 작업을 다시 시작했다.

**오토플로우 플러그인으로 화살표 연결하기**

❶ 화살표로 연결할 2개의 오브젝트 생성

❷ 오토플로우 플러그인 선택

❸ 화살표를 연결할 첫 번째 오브젝트 클릭

❹ <Shift> 키 누른 채 두 번째 오브젝트 클릭
❺ 화살표가 자동으로 생성된다.

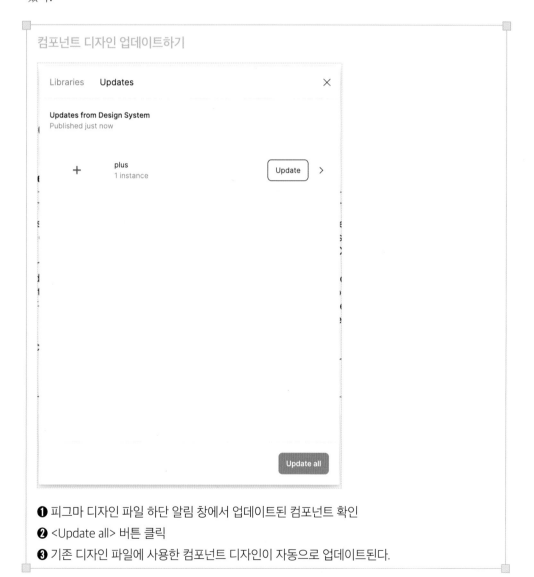

😼 "좋았어, 수동 작업보다 훨씬 빠르다!"

루나는 눈에 띄게 빨라진 작업 속도에 만족했다. 앞으로도 피그마 작업을 할 때, 기본 기능만으로 만족할 수 없을 때는 플러그인을 찾아봐야겠다고 생각하며 나머지 블루프린트 작업을 마무리했다. 개인 프로토타이핑 작업이 끝날 때쯤, 루나의 디자인 파일 우측 하단에 알림이 떴다.

컴포넌트 디자인 업데이트하기

Libraries **Updates**                                        ✕

**Updates from Design System**
Published just now

  ╋        **plus**                        ┌──────────┐
           1 instance                      │  Update  │  ⟩
                                           └──────────┘


                                                    ┌────────────┐
                                                    │ Update all │
                                                    └────────────┘

❶ 피그마 디자인 파일 하단 알림 창에서 업데이트된 컴포넌트 확인
❷ <Update all> 버튼 클릭
❸ 기존 디자인 파일에 사용한 컴포넌트 디자인이 자동으로 업데이트된다.

🐼 "로렐라이랑 단단도 작업이 끝났나 보네?"

루나는 두 사람에게 수고했다는 메시지를 보냈다. 그리고 최종 컴포넌트 디자인이 추가된 서비스 블루프린트 파일 링크를 디자인 스프린트 워크숍 공간에 공유했다. 4일 차, 케르베로스 스쿼드의 워크숍을 시작할 시간이었다.

🐼 "오늘은 숙제를 멋지게 클리어한 단단과 로렐라이에게 박수를 보내면서 시작합시다!"

루나와 자비에르의 적극적인 응원 덕분에 두 사람은 자신 있게 프로토타입을 시연했다. 로렐라이는 하데스 툴을 조작하여 온라인 멘토링이 진행 중일 때, 에러가 발생하는 상황을 재연했다. 단단이 디자인한 흑백 화면과 에러 알림 창 UI를 소개했다. 루나와 자비에르는 사용자 입장에서 에러 상황을 안내받는다면 어떤 느낌일지 상상하면서 프로토타입을 분석했다.

🧑 "로렐라이, 단단, 에러 화면 연결이 자연스럽네요! 멋진 팀워크예요. 에러가 발생했을 때, 사용자가 어떤 경험을 할지 확실하게 이해했어요. 그런데, 하데스 툴의 에러라는 점은 언제, 어느 팀에게 안내하나요? 백스테이지 플로우가 알고 싶어요."

자비에르가 질문을 던졌다. 하데스 툴이 에러를 일으켰을 때 케르베로스 스쿼드 외에 다른 부서들에 영향을 끼치는지 알아야 추후 협업을 요청할 수 있어 프런트 엔드만큼 백스테이지 흐름도 꼼꼼하게 파악하려는 의도였다.

🐼 "그 부분은 제가 설명하겠습니다."

이번엔 루나의 숙제 리뷰를 할 차례였다. 피그마 디자인 파일로 작업한 서비스 블루프린트는 루나가 처음 피그잼으로 작업했던 결과물보다 더 정교했다. 단단과 로렐라이가 작업한 프로토타입이 더해지니까, 사용자가 서비스를 사용할 때 어떤 화면이 보일지 시각적으로 연상하기 수월했다. 사용자가 어떤 화면을 볼 때, 백스테이지에서는 어떤 부서들이 협력하는지, 어떤 시스템들이 가동되는지 명확하게 알아볼 수 있었다.

"아하, 에러가 났을 때 흑백 화면을 프런트 엔드로 보내면서 동시에 오토마타 내부적으로는 하데스 툴이 JIRA 티켓을 자동 생성하고 알고리즘 팀과 메신저 팀에 타임머신 기능을 활성화해달라고 요청하는 거군요? 좋습니다! 프런트 엔드와 백스테이지 모두 테스트가 필요할 것 같아요."

루나의 발표를 들으면서 케르베로스 스쿼드 멤버들은 피그잼에 노트를 추가했다. 어떤 기능이 추가되는지, 사용자 경험뿐만 아니라 백스테이지 기능까지 자세하게 기록해서 나중에 정식 PRD에 옮기도록 팀 전체가 시간을 절약했다.

"프로토타입과 서비스 블루프린트 모두 테스트를 통한 검증이 필요하겠죠? 지금까지 작업한 타임머신 솔루션 아이디어가 문제를 해결할 수 있는지 확인해봅시다!"

루나의 백스테이지 흐름도는 어디까지나 가설이라, 테스트가 필요했다. 특히, 다른 부서와 커뮤니케이션이 필요한 부분은 직접 타 부서와 논의하여 어떻게 구현할지 동의해야 해서 미리 테스트하는 과정은 필수였다. 퍼실리테이터로서 루나는 테스트에 필요한 것들을 같이 점검하기로 했다.

🙂 "오늘 우리가 준비한 내용으로 내일은 사용자 테스트를 진행할 거예요. 테스트의 목표부터 정해볼까요?"

루나가 퍼실리테이션을 통해 하나씩 테스트 준비 사항을 안내하면서, 각자 테스트하는 동안 어떤 역할을 수행할지도 결정했다. 프로토타입을 준비할 때 상대적으로 작업량이 적었던 자비에르가, 테스트를 준비할 때는 가장 많은 역할을 수행하기로 했다.

🙂 "테스트의 목표는, 타임머신 기능을 사용한 사람이 HAPPY하면 되는 거지! 에브리바디 해피!"

🙂 "흑백 모드로 변했을 때, 사용자들이 에러가 났다는 점을 이해할 수 있을까요?"

🙂 "메시지를 보낼 수 있다는 점을 설명했을 때, 사용자가 메신저 기능을 제대로 이해하고 사용하는지 궁금해요."

의욕 넘치는 로렐라이를 시작으로, 단단과 자비에르가 차례로 의견을 냈다. 여러 번의 수정을 거쳐 모두 동의한 테스트 순서를 피그잼 섹션에 포스트잇으로 붙여 넣었다.

---

테스트 순서
1. 하데스 툴을 통한 업데이트 중 에러가 발생하면 자동으로 내부 JIRA 티켓을 발행한다.
2. 에러가 발생한 시점에 UI가 흑백 모드로 자동 전환된다.
3. 사용자가 멘토링 서비스 상태가 변경된 것을 인지할 수 있다.
4. 메신저 보내기 인터페이스를 이해하고, 정상적으로 사용할 수 있다.
5. 부서별로 에러 분석 및 해결 후 JIRA 티켓의 상태를 변경할 수 있다.
6. 에러 수정 후, 멘티가 메신저로 보냈던 질문과 멘토의 답변이 포함된 회신 메일을 보낼 수 있다.

---

🙂 "제가 다른 부서 PM들과 연락해서 내일 테스트에 참여하도록 요청하겠습니다. 프로토타입을 사용자 입장에서 경험해보면 타 부서 PM들도 솔루션을 이해하는 게 빨라질 거예요."

원래 디자인 스프린트의 테스트는 실제 서비스 사용자 또는 비슷한 퍼소나(persona)를 대상으로 진행한다. 실제 사용자의 의견은 가장 정확하고 솔직한 피드백이므로, 디자인 리서치에서 테스트 참가자 리크루팅(recruiting)은 중요한 요소이다. 하지만 오토마타의 서비스 특성상, 기밀 정보가 많고 에러를 잡아야 하는 긴급한 상황이라 준비 기간이 짧은 만큼 회사 내부 사람들을 대상으로 테스트할 수밖에 없었다.

퍼실리테이터는 워크숍에서 정해진 활동과 방법을 올바르게 안내하되, 주어진 상황에 맞게 유연하게 대처하는 능력이 필요하다. 루나는 오토마타와 케르베로스 스쿼드의 상황을 고려해서 내부 멤버를 대상으로 하는 테스트 방식으로 진행하는 것에 대해 참여자 전원의 동의를 얻었다. 언젠가 기밀 사항이 아닌 내용을 테스트할 때는 진짜 사용자를 대상으로 리서치를 진행해서 피드백을 얻자는 약속도 잊지 않았다.

> 🧑 "자비에르 덕분에 테스트 대상자 선정이 해결됐네요! 테스트 결과 기록 방법은 어떻게 하는 게 좋을까요?"

사용자 테스트에 참여하는 사람의 역할은 크게 세 가지다. 사용자와 직접 질문을 주고받으며 프로토타입을 안내하는 '모더레이터(moderator)', 사용자의 답변과 피드백을 문서로 작성하는 기록자(note taker) 그리고 테스트 세션을 관찰하는 관찰자(observer)로 나뉜다. 기록자가 사용자의 피드백을 최대한 변형 없이 기록하되, 부족한 부분은 관찰자도 개별적인 노트를 작성하여 보완한다.

노트를 기록하는 방법은 다양하지만, 테스트의 범위가 크고 넓을수록 기록해야 할 데이터의 양이 많아지므로 테스트를 진행하기 전에 결과를 어떤 형식으로 기록할 것인지 정하는 것을 추천한다. 정량적인 데이터는 여러 트래킹 툴(tracking tool)을 통해 수집하고, 정성적인 데이터는 사용자의 언어를 그대로 옮겨(transcript, quotes) 적는다.

> 🧑 "저는 로렐라이가 기록하는 방법을 추천해요. 행동 분석 매트릭스라고 했던가요?"

> 🧑 "단단, 기억하다니! Behaviour Analysis Matrix. 단계별로 성공과 실패를 기록하기 쉬워서 내가 자주 쓰는 방법이지."

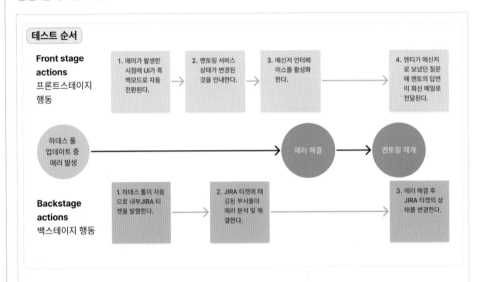

## 테스트 순서

**Front stage actions**
프론트스테이지 행동

1. 에러가 발생한 시점에 UI가 흑백모드로 자동 전환된다.
2. 멘토링 서비스 상태가 변경된 것을 안내한다.
3. 메신저 인터페이스를 활성화 한다.
4. 멘티가 메신저로 보냈던 질문에 멘토의 답변이 회신 메일로 전달된다.

하데스 툴 업데이트 중 에러 발생 → 에러 해결 → 멘토링 재개

**Backstage actions**
백스테이지 행동

1. 하데스 툴이 자동으로 내부 JIRA 티켓을 발행한다.
2. JIRA 티켓에 태깅된 부서들이 에러 분석 및 해결한다.
3. 에러 해결 후 JIRA 티켓의 상태를 변경한다.

# Interview script

 20분

**인터뷰 질문 준비하기 / 행동 분석 매트릭스**
테스트 차례에 맞게 사용자에게 물어볼 질문을 적고, 성공 또는 실패 결과를 기록합니다.

## 매트릭스

| 프론트스테이지 순서 | 사용자 1 | 사용자 2 | 사용자 3 | 사용자 4 | 사용자 5 | 결과 |
|---|---|---|---|---|---|---|
| 1. 화면이 흑백으로 전환된 것을 인지했다. | 예시: ☑ | 예시: ☑ | 예시: ☑ | 예시: ✖ | 예시: ✖ | 예시: 성공률 60% |
| 2. 멘토가 안내하는 에러 발생 알림을 이해했다. | | | | | | 성공률 (%) |
| 3. 메시지 기능을 성공적으로 사용했다. | | | | | | 성공률 (%) |
| 4. 에러 수정 후, 멘토의 답변이 회신 되었을 때 사용자가 답변을 성공적으로 확인했다. | | | | | | 성공률 (%) |

❶ 피그잼에 표 생성
❷ 테스트 내용 중 성공과 실패를 기록할 항목을 행으로 추가
❸ 테스트 참가자 열로 추가
❹ 각 참가자 세션마다 단계별 성공과 실패 내용 기록

❺ 가장 마지막 열에는 기록자와 관찰자의 노트 작성
❻ 성공률(%)을 단계별로 분석

디자인 스프린트를 통해서 생성된 다양한 자료와 결과물들이 여러 소프트웨어를 사용해서 관리하면 나중에 결과를 분석할 때, 파일을 찾기 복잡하다는 단점이 있다. 루나는 스프린트 관련 자료를 피그잼 워크숍 공간에 기록해두면, 데이터를 분석하기 편하다는 점을 놓치지 않았다. 로렐라이와 단단이 설명하는 기록 방법을 듣고 루나는 피그잼에 표를 만들어서 추가했다.

> 🐶 "케르베로스 스쿼드 여러분, Good job! 이번 스프린트의 마지막 숙제는 인터뷰 질문을 정하는 거예요. 피그잼에 추가된 행동 분석 매트릭스에 묻고 싶은 질문을 차례대로 적어주세요. 자비에르, 내일 테스트 참가자들에게 초대장을 보내주세요!"

## 🌕 금요일: 테스트와 검증

테스트는 묘한 긴장감을 조성한다. 디자인 스프린트 참가자들이 여러 날에 걸쳐 고민하고 노력한 결과가 테스트에서 증명되므로 기대감과 호기심이 가득한 시간이다.

테스트가 계획한 대로 진행되는 것이 중요하다. 좋은 솔루션 아이디어라도, 테스트 준비가 미흡해서 사용자가 테스트를 제대로 완료하지 못하면 원하는 데이터를 수집할 수 없어 테스트 진행 전에 연습과 리허설을 하는 것을 추천한다.

퍼실리테이터로서 4일 동안 디자인 스프린트를 이끌었던 루나의 역할이 5일 차에 바뀌었다. 스프린트 참여자 모두가 테스트 모더레이터, 기록자, 관찰자 역할을 돌아가면서 수행하기로 했기 때문이다. 케르베로스 스쿼드 멤버들과 한 팀으로 호흡을 맞추기 위해 루나는 아침 시간을 연습에 투자했다.

> 🐶 "어제 만들었던 행동 분석 매트릭스에 추가된 질문으로 연습해보자!"

## 행동 분석 매트릭스 추가 질문

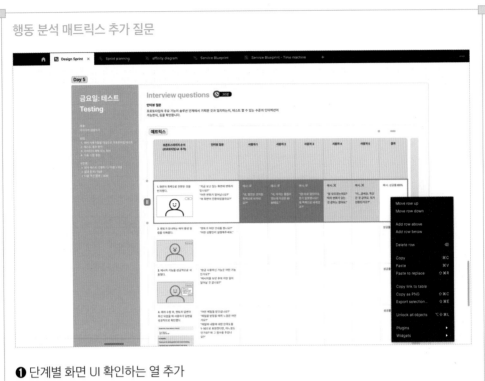

❶ 단계별 화면 UI 확인하는 열 추가
❷ 테스트 참가자 이름 각 열에 추가
❸ 추가 질문이 있을 때는 행을 추가

루나는 모더레이터가 되었을 때를 상상하면서 매트릭스에 추가된 질문들을 소리 내어 읽었다. 단계별로 질문할 때, 프로토타입의 어떤 화면을 보는지 같이 보여주려고 열을 추가하고 스크린 숏을 붙여 넣자, 질문할 때 어떤 점을 더 자세히 추가 질문해야 할지 아이디어를 얻을 수 있었다.

여러 차례 연습하던 루나는, 어느새 케르베로스 스쿼드 멤버들이 모두 피그잼 워크숍 공간에 접속한 것을 발견했다. 각자 개인 연습을 하는 중인지 마우스 포인터가 매트릭스 주변에서 바쁘게 움직였다. 갑자기 어디선가 단단의 목소리가 들렸다.

"루나, 리허설해볼래요?"

단단은 루나에게 메신저를 통해 피그잼의 오디오 기능을 소개했다. 피그잼 또는 피그마로 함께 작업하다가 논의해야 할 부분이 있다면, 별도의 미팅을 세팅하지 않고도 피그마 오디오 기능을 사용해서 협업 중인 사람들과 신속하게 의견을 주고받을 수 있다.

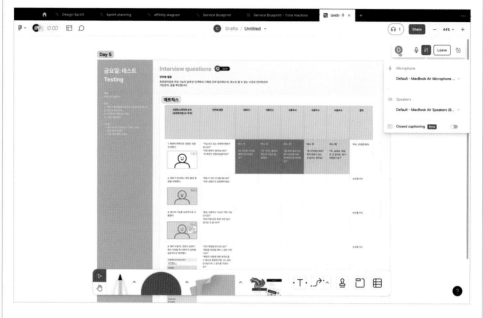

❶ 피그잼 우측 상단 헤드폰 모양 아이콘 <Start conversation> 클릭
❷ 대화를 종료하고 싶으면 <Leave> 버튼 클릭

단단과 루나는 피그잼 오디오 기능을 사용해서, 사용자 테스트 인터뷰를 진행하는 모더레이터의 역할을 했다. 루나는 문득 디자인 스프린트 연습을 도와주던 유진이 떠올랐다. 역할극을 하면서 리허설을 도와주던 멘토, 워크숍이 끝나고 솔루션을 찾으면 돌아올 수 있을까? 혼자 생각에 빠질 무렵, 자비에르가 보낸 테스트 참가자들의 인터뷰 초대장이 도착했다.

## 사용자 테스트 인터뷰하기

자비에르가 첫 번째 인터뷰 대상자로 선정한 사람은 알고리즘 팀의 PM이었다. 모더레이터는 단단, 기록자는 자비에르, 관찰자는 자비에르와 루나가 담당하기로 했다.

버추얼로 진행하는 사용자 테스트 인터뷰는 돌발 상황에 대처하는 수단이 제한되어 있어 계획한 대로 진행하는 것이 중요하다. 케르베로스 스쿼드 멤버들은 피그잼 파일에 기록한 순서에 따라 각자 자신의 역할을 수행하기 시작했다.

원격으로 진행되는 사용자 테스트에 모더레이터, 관찰자, 기록자 등 여러 명이 미팅 룸에 참여할 때 테스트 참가자를 배려하자.

1. 모더레이터를 제외한 모든 사람이 카메라와 마이크를 끕니다. 많은 사람이 자신을 지켜본다는 것만으로도 참가자가 긴장하므로, 최대한 신경 쓰이지 않도록 시각적·청각적 방해 요소를 제거한다.
2. 테스트 초반에 참가자에게 모더레이터를 비롯한 다른 사람들이 있다는 점을 알린다. 만약 테스트를 녹화하는 경우, 참가자의 동의를 얻은 후 녹화를 시작한다.
3. 인터뷰 질문 리스트 외에, 추가 질문을 할 수도 있기 때문에, 모더레이터는 별도의 채팅창을 이용하여 관찰자, 기록자의 질문을 수시로 체크한다.

단단은 조금 전까지 연습했기 때문인지 막힘없이 자연스럽게 모더레이션을 이어갔다.

👤 "제가 전달하는 링크를 클릭한 후에, 화면을 공유해주시겠어요?"
<sub>단단</sub>

단단은 별도로 생성한 프로토타입 링크를 테스트 참가자에게 전달했다. 팀에서 내부적으로 리뷰할 때는 프로토타입 디자인 파일 링크를 공유해서 팀 멤버들과 함께 작업할 수 있지만, 테스트 참가자나 외부 팀에게 리뷰를 요청할 때는 수정이 불가한 프로토타입 링크를 별도로 생성하여 전달하는 것이 안전하기 때문이다. 작업 파일에 불필요한 접근을 제한하고자 단단

은 프로토타입 공유 링크를 사용했다.

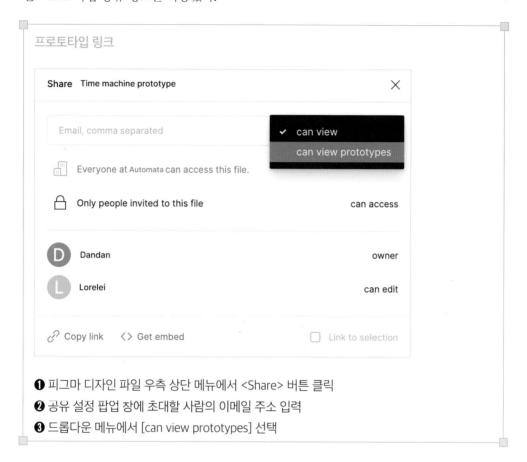

❶ 피그마 디자인 파일 우측 상단 메뉴에서 <Share> 버튼 클릭
❷ 공유 설정 팝업 장에 초대할 사람의 이메일 주소 입력
❸ 드롭다운 메뉴에서 [can view prototypes] 선택

테스트 참가자는 프로토타입을 사용하면서, 단단의 질문에 차례대로 대답했다. 첫 번째 참가자의 성공률은 95%였다. 참가자는 메신저 UI를 사용할 때 잠시 헤맸지만, 모더레이터의 도움 없이 바로 다음 단계로 진행했다. 실제 사용자가 아니므로, 간혹 내부적인 실행 단계에 대한 질문도 나와서 기록자와 관찰자에게 새로운 인사이트를 제공했다.

첫 번째 참가자, 알고리즘 팀 PM을 시작으로 다섯 번에 걸쳐 사용자 테스트가 큰 문제 없이 진행됐다. 모든 테스트 세션이 끝나자 루나는 케르베로스 스쿼드 멤버들의 퍼실리테이터 역할로 돌아갔다.

🙂 "모두 수고하셨습니다! 이제 매트릭스를 보면서 결과를 분석해봅시다."

평균 성공률은 80%를 기록해서 솔루션 아이디어가 효과적이라는 결론을 내렸다. 하지만, 개선이 필요한 부분도 뚜렷하게 나타났다. 하데스 툴의 에러가 해결되고 타임머신 기능이 해제 되었을 때, 이메일로 멘토의 답변을 확인하는 부분은 다른 팀들과 논의가 필요하디는 피드백을 참가자 모두 동일하게 남겼기 때문이다.

디자인 스프린트의 마지막 단계는, 솔루션 아이디어를 실제 서비스에 적용하려고 개발 계획을 세우는 것이다. 루나는 성공적인 스프린트 결과에 기뻐하는 케르베로스 스쿼드 멤버들과 함께 축하하는 분위기를 즐기면서 다음 단계를 간단한 로드맵 형식으로 그려보았다.

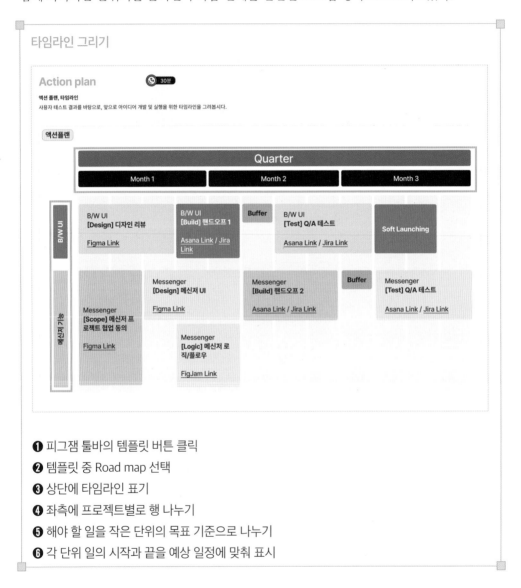

❶ 피그잼 툴바의 템플릿 버튼 클릭
❷ 템플릿 중 Road map 선택
❸ 상단에 타임라인 표기
❹ 좌측에 프로젝트별로 행 나누기
❺ 해야 할 일을 작은 단위의 목표 기준으로 나누기
❻ 각 단위 일의 시작과 끝을 예상 일정에 맞춰 표시

테스트 참가자로 초대됐던 팀들이 타임라인에 언급되자, 자비에르가 해당 팀의 PM들에게 실시간으로 메시지를 보냈다. 테스트 결과를 바탕으로 협업을 제안하는 시간을 따로 가지기로 하고, 케르베로스 스쿼드 멤버들이 먼저 진행할 일들을 우선순위로 정했다.

"루나, 다음 단계로 나아가고자 할 일을 정리하니까 실행 계획을 구체적으로 정할 수 있었어요. 테스트 결과뿐만 아니라 다음 계획 세우는 부분까지 퍼실리테이팅해줘서 고마워요!"

"Super! 루나, 디자인 스프린트 진짜 재미있었어!"

"루나가 피그잼과 피그마 둘 다 능숙하게 다뤄주어서 우리가 더 쉽게 작업했어요, 감사합니다!"

무려 5일에 걸친 케르베로스 스쿼드의 디자인 스프린트가 드디어 끝났다. 루나는 케르베로스 스쿼드 멤버들의 진심 어린 칭찬과 응원을 받으며 스프린트 마지막 날을 마무리했다. 혼자서 처음부터 끝까지 퍼실리테이션, 워크숍 준비와 진행을 모두 다 해냈다는 사실이 무척 뿌듯했다. 피그잼의 섹션들을 살펴보면서 루나는 달콤한 성취감을 느꼈다.

루나가 고맙다는 인사를 끝으로 미팅을 마무리하려는데, 갑자기 미팅 창에 누군가 입장했다는 알림이 떴다.

"어...! 유진?"

## 3 | 디자인 스프린트, 대성공?

루나의 화면에 케르베로스 스쿼드 멤버들과 유진의 얼굴이 보였다. 디자인 스프린트를 준비하면서 중간중간 그리웠던 얼굴이 보이자, 루나는 반가운 마음에 큰 소리로 이름을 부르고 말았다.

### 🌙 유진, 돌아오다!

디자인 스프린트가 진행되는 동안, 케르베로스 스쿼드는 계속해서 행방불명된 유진을 찾고, 멘토링이 가능한 상태로 세팅하는 작업을 했다. 시간의 압박을 피하기 어려웠지만, 루나가 디자인 스프린트를 계획할 때 개인 시간과 그룹 활동 시간을 스마트하게 분배해 스쿼드 멤버들이 스프린트 외의 업무를 병행했다.

루나의 타임머신 아이디어가 스쿼드 멤버들에게 영감을 주어서, 스쿼드 멤버들은 스프린트가 끝난 후에 유진이 사라지기 이전 버전의 알고리즘을 불러왔다. 디자인 스프린트가 끝날 때까지, 스쿼드 멤버들이 유진에게 그동안 빠졌던 부분의 데이터를 수동으로 입력하여 멘토링이 정상적으로 가능해지도록 작업한 결과였다. 케르베로스 스쿼드의 노력 덕분에 다시 돌아온 유진은 루나에게 인사를 건넸다.

> 🧑 "루나, 정말 잘했어요! 보조 퍼실리테이터 없이도 참 잘했다고 스쿼드 멤버들이 말해주었
> 유진   어요."

> 🧑 "우리는 다음 미팅이 있어서 먼저 갑니다. 루나, 유진하고 이야기 나눠요!"
> 자비에르

자비에르, 단단, 로렐라이가 힘차게 손을 흔들면서 미팅을 종료했다.

> 🧑 "루나, 괜찮아요?"
> 유진

> 🧑 "유진! 어떻게 된 거예요. 하고 싶은 말이 많았는데, 이렇게 불쑥 나타나니까 무슨 말부터
> 루나   해야 할지 모르겠어요."

놀란 마음을 진정시키자, 루나는 그동안 있었던 일을 하나둘씩 털어놓았다. 퍼실리테이션하

다가 아이디어를 내야 할지 말아야 할지 고민한 일. 사용자 테스트에 직접 참여해서 모더레이션했던 일. 수없이 많은 경험과 배움이 있었던 디자인 스프린트에 대해서 유진에게 말하다 보니, 루나는 멘토와 대화하는 것만으로도 많이 의지가 된다는 사실을 깨달았다.

🙂 "혼자서도 참 잘했어요. 저도 함께 디자인 스프린트에 참여했다면 좋았을 텐데, 못 본 사이에 많이 성장했네요. 저는 AI라서 감정을 이해할 수는 없지만, 루나의 경험치와 성장률이 확연하게 증가했다는 점은 확실하게 말씀드릴 수 있습니다."

🙂 "어! 이제 말해도 괜찮은가요? 그··· 유진의 정체에 대해서?"

🙂 "네, 에러를 해결하면서 AI 정체성을 밝히는 부분도 개선했습니다."

루나는 유진이 또 사라지는 건 아닌가 걱정하다가 그제야 안심했다.

## 🔘 온보딩 멘토링은 계속된다

유진은 루나의 감정이 안정될 때까지 기다렸다가 온보딩 미션의 진행 상황에 관해서 물어봤다.

🙂 "미션 발표 준비는 어떻게 되어 가나요?"

루나가 정신없이 디자인 스프린트를 진행하느라 깜빡 잊었지만, 오토마타에서 요청한 온보딩 미션을 해결하고, 팀원 전체에게 발표하기까지 1주일밖에 남지 않은 시점이었다. 유신이 중간에 사라지는 돌발 상황이 있었지만, 미션 완료를 향한 시간은 계속 흐르고 있었다. 스프린트를 마치고 이제야 좀 쉬려던 루나는 또다시 긴장하고 말았다.

🙂 "이번 주 내내 스프린트 준비하느라 미션을 생각하지 못했어요. 유진, 저 어떡하죠?"

유진은 침착하게 앞으로 준비해야 할 일들을 짚어주었다. 루나가 작업했던 작업 결과물들을 한곳에 모으고, 스토리텔링에 집중하자고 제안했다. 루나는 당장 자료 정리를 시작하고 싶었지만, 이미 금요일 퇴근 시간이 얼마 남지 않은 시간이었다.

유진은 월요일에 루나의 미션 발표 자료 준비를 돕기로 약속하고 미팅 초대장을 보냈다. 시간 안에 충분히 미션을 클리어할 테니, 걱정하지 말라는 조언도 잊지 않았다. 한 주 내내 디자인 스프린트에 집중했던 루나는, 유진의 멘토링을 듣고 나서야 홀가분한 마음으로 주말을 맞이했다.

## 🔍 미션 클리어

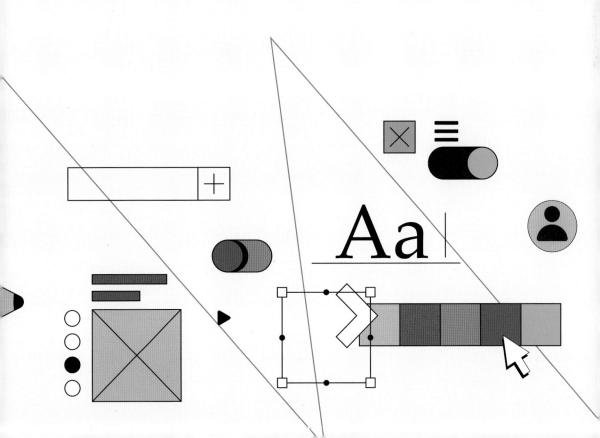

루나의 온보딩 미션 마지막 주, 유진은 루나와 발표 준비를 하려고 미팅을 시작했다. 의욕 넘치는 루나에게 유진은 발표에서 집중해야 할 포인트를 다시 한번 상기시켜주었다. 유진이 정리해준 발표 준비 방법은 STAR 프레임워크에 맞춘 스토리텔링 방법이었다.

STAR 프레임워크는 입사 면접에서 유용하게 쓰이는 구조적 말하기 방법이다. STAR 구조는 일정한 패턴을 가지고 있어 발표자가 중요 포인트를 명확하게 전달한다는 장점이 있다. 듣는 사람 입장에서도 발표자의 업무 내용을 배경부터 결과까지 하나의 흐름을 가진 스토리로 들을 수 있어 발표 시간 내내 집중할 수 있다.

STAR 구조

STAR 구조

| S | T | A | R |
| Situation 배경/상황 | Task 업무 | Action 액션/수행 | Result 결과 |

- S(Situation)

  배경과 상황을 설명합니다. 작업하게 된 이유를 설명하면 듣는 사람이 더 쉽게 작업 내용을 이해할 수 있습니다.

- T(Task)

  어떤 업무 내용인지 안내합니다. 주어진 업무가 어떤 것이었는지 설명하고 자신이 어떤 역할을 수행했는지 알려주세요.

- A(Action)

어떤 작업을 했는지, 과정은 어땠는지, 자세하게 소개합니다. 각 작업을 어떻게 수행했는지 시각적으로 보여주는 자료를 활용해보세요. 작업할 때 사용했던 툴, 프레임워크, 스킬 등 자료를 발표할 때 공유하면 좋겠죠?

- R(Result)

작업의 결과는 어땠나요? 성공적이었던 점, 자신의 장점과 강점이 돋보였던 부분을 하이라이트 해주세요. 만약 아쉬웠던 부분이 있다면, 다음엔 어떻게 개선하고 싶은지도 알려주세요.

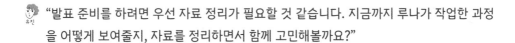 "발표 준비를 하려면 우선 자료 정리가 필요할 것 같습니다. 지금까지 루나가 작업한 과정을 어떻게 보여줄지, 자료를 정리하면서 함께 고민해볼까요?"

입사 첫 주부터 피그마와 피그잼으로 작업했던 루나는, 유진의 멘토링을 따라 손쉽게 자료를 정리했다. 피그마 디자인 파일을 새로 만들고, 각 작업 결과물마다 프레임을 만들어서 자료를 STAR 형식에 맞춰 배치했다.

루나는 평소에 발표 자료를 만들 때 파워포인트나 구글 슬라이드 같은 정해진 비율의 슬라이드 형식을 사용해 와서, 미션 발표도 동일한 파일 형식을 적용하려고 했다. 하지만, 슬라이드에 자료를 옮기던 루나는 얼마 못 가서 다시 어려움에 부딪혔다.

일반적으로 피그마 프레임 또는 피그잼 섹션은 이미지로 쉽게 추출할 수 있다. 원하는 파일 형식으로 추출 기능을 활용하면 이미지 파일 외의 다른 형식으로도 자료를 저장할 수 있다.

## 이미지 추출

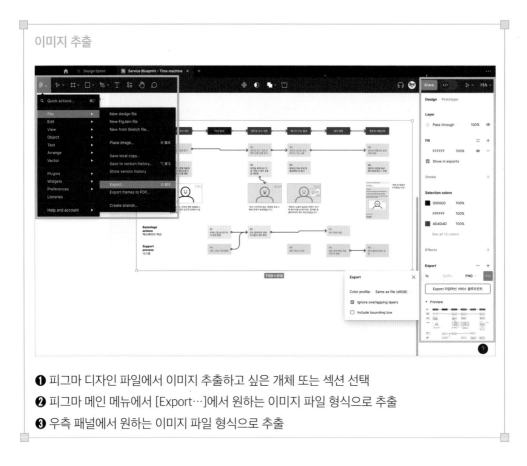

❶ 피그마 디자인 파일에서 이미지 추출하고 싶은 개체 또는 섹션 선택
❷ 피그마 메인 메뉴에서 [Export…]에서 원하는 이미지 파일 형식으로 추출
❸ 우측 패널에서 원하는 이미지 파일 형식으로 추출

이미지 자료를 추출하는 방법은 쉽지만, 루나가 지금까지 작업한 내용은 넓은 공간을 사용하는 맵 위주의 작업물이라 슬라이드 크기에 맞추려면 이미지 크기를 줄이는 방법밖에 없었다. 하지만 이미지를 작게 줄였을 때, 폰트가 너무 작아서 시각 자료가 어떤 의미를 전달하는지 파악하기가 어려웠다.

👤 루나 "시간 없는데, 큰일이네··· 시각화하는 시간을 줄이는 방법이 있을까요, 유진?"

## 🅾 피그마로 발표 자료 만들기

발표 자료로 사용하려고 특정 부분만 이미지로 만들어서 슬라이드에 배치하는 방법도 있지만, 디자인 스프린트처럼 여러 활동이 병합된 상태라면 어떤 이미지를 추출할지 그리고 어디서부터 시각화 작업을 해야 할지 막막할 수도 있다.

👤 유진 "루나, 피그마로 발표 자료를 만들면 어떨까요?"

발표 자료를 만드는 단계에서 주춤하는 루나를 도우려고 유진이 아이디어를 냈다. 제한된 슬라이드 크기에 맞춰서 발표 자료를 준비하는 것보다, 피그마의 무제한 공간을 사용하여 슬라이드와 작업 자료를 동시에 보여주는 게 시간을 절약하는 방법이기 때문이다. 루나도 피그마가 익숙해진 만큼, 최대한 발표 준비 시간을 확보하려고 유진의 아이디어를 따르기로 했다.

피그마에서 새로운 프레임을 생성할 때 지정된 사이즈를 선택할 수 있다. 원하는 프레임 비율을 선택한 후 반복 사용하면 슬라이드를 만드는 것과 유사하게 작업할 수 있다.

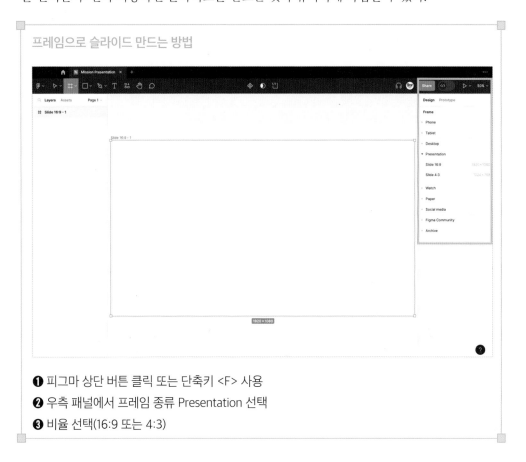

프레임으로 슬라이드 만드는 방법

❶ 피그마 상단 버튼 클릭 또는 단축키 <F> 사용
❷ 우측 패널에서 프레임 종류 Presentation 선택
❸ 비율 선택(16:9 또는 4:3)

슬라이드처럼 정해진 위치에 제목과 나머지 객체를 보여주고 싶다면, 프레임 안에 새로운 프레임을 생성하여 위치를 지정할 수 있다.

## 프레임 속의 프레임, 오토 레이아웃 적용하기

1️⃣ 피그마 상단 버튼 또는 단축키 <F>를 사용한 후 슬라이드 크기의 프레임 안에 새로운 프레임을 생성한다.

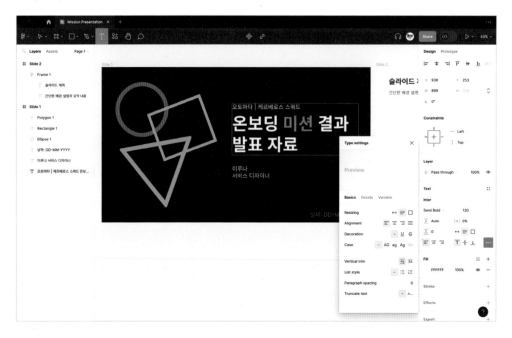

2️⃣ 슬라이드 제목, 텍스트 박스 객체를 추가한다. 우측 패널의 Constraints 속성에서 상하좌우 중 고정하고 싶은 위치를 결정한다.

피그마와 피그잼 파일은 서로 호환되어 두 파일 사이의 복사, 붙여넣기가 자유롭다. 디자인 스프린트처럼, 다양한 활동을 피그잼에서 한 경우에 피그마 디자인 파일로 일부 오브젝트 또는 전체 섹션을 복사해서 붙여 넣은 후 추가 수정을 할 수 있다.

피그잼 파일 불러오기

❶ 피그마와 피그잼 파일 열기
❷ 피그잼의 작업 내용 일부 또는 섹션 전체 선택 후 복사 <Ctrl> + <C>
❸ 피그마 디자인 파일로 돌아가기
❹ 프레임 선택 후 붙여넣기 <Ctrl> + <V>
❺ 붙여 넣은 후에도 수정 가능하다.

입사한 첫날부터 지난 디자인 스프린트까지 모든 작업 결과물을 시간 순서대로 배열하는 작업을 마칠 때쯤, 프레임을 훑어보던 루나에게 새로운 고민거리가 생겼다. 슬라이드 파일을 별도로 만들지 않고 피그마로 작업하는 것까지는 좋았는데, 발표할 때 화면을 어떻게 보여줄지 마땅한 방법이 없었다.

🧑 "유진, 발표할 때 슬라이드 쇼를 보여주듯이 화면을 전환하고 싶어요. 피그마 작업 공간을 루나 그대로 두고 발표하는 건 아무리 스포트라이트 기능을 쓴다 해도, 일반적인 ppt 슬라이드 쇼나 키노트처럼 몰입도 있는 발표가 힘들 것 같아요."

자료 정리와 별개로, 발표 자료는 말 그대로 '발표'를 목적으로 작성하는 자료이다 보니 듣는 사람들에게 전달력 있는 시각적 효과를 무시할 수 없다. 루나가 처음에 ppt 같은 프레젠테이션 툴을 고민한 것도 발표할 때 몰입도를 높이고 싶었기 때문이다. 루나가 걱정하는 부분을 파악한 유진은 또 한 번 아이디어를 냈다.

"걱정하지 말아요, 피그마의 프레젠테이션 뷰(presentation view) 기능을 사용하면 쉽게 해결할 수 있어요."

모바일 앱이나 웹 화면의 인터랙티브한 프로토타입을 시연할 때 사용하는 기능이지만, 프레젠테이션을 준비할 때도 시연하는 것과 같은 개념으로 제작할 수 있다. 프로토타입 패널을 사용하여 인터랙션부터 애니메이션 종류까지 디테일하게 세팅을 모두 변경할 수 있다.

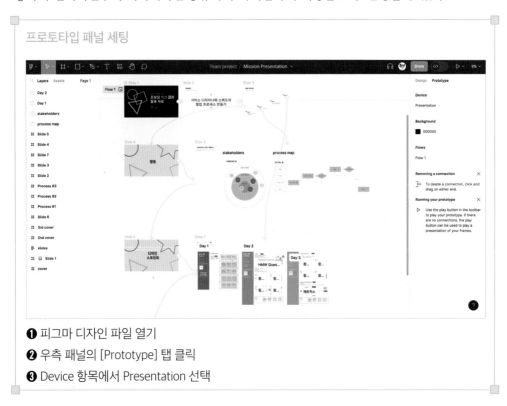

프로토타입 패널 세팅

❶ 피그마 디자인 파일 열기
❷ 우측 패널의 [Prototype] 탭 클릭
❸ Device 항목에서 Presentation 선택

프레젠테이션 슬라이드 또는 프로토타입 페이지를 연속해서 보여주고 싶다면, 각 오브젝트를 선택하여 순서를 연결해주면 된다. 프레젠테이션의 경우엔, 프레임 단위로 흐름을 정하면 된다.

## 여러 프레임 연결해보기

1 피그마 프레임 선택 후 플로우 시작(start point)을 지정한다. 그리고 선택한 프레임의 가장자리에 나타나는 커넥터(connector)를 드래그하여 다음 프레임과 연결한다.

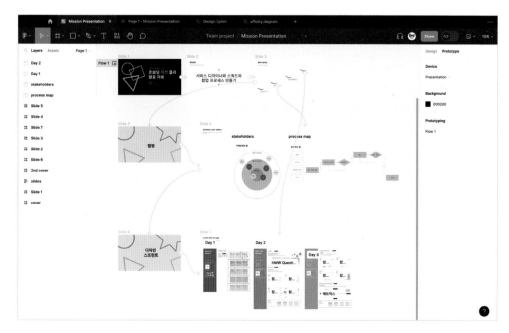

2 프레임 간 전환 시 적용할 애니메이션 및 효과를 선택한다.

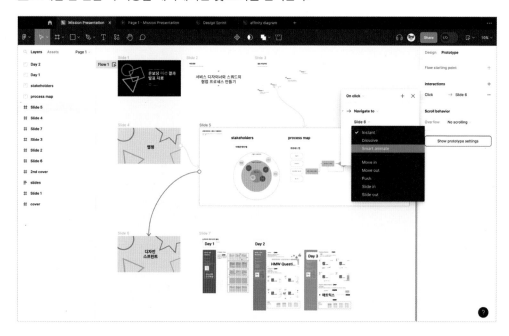

연결한 오브젝트 또는 프레임의 흐름을 확인하는 방법은 프리뷰와 프레젠테이션 뷰 이렇게 두 가지가 있다. 프리뷰는 즉시 해당 연결을 확인하는 임시 팝업 창이 열리므로 짧은 연결을 확인할 때 유용하다. 프레젠테이션 뷰는 지정된 시작점부터 끝나는 지점까지 모두 연결된 인터랙티브한 프레젠테이션이 가능하다.

## 프리뷰와 프레젠테이션 뷰 확인하기

① 피그마 우측 상단 메뉴에서 [Preview] 또는 [Presentation view]를 선택한다.

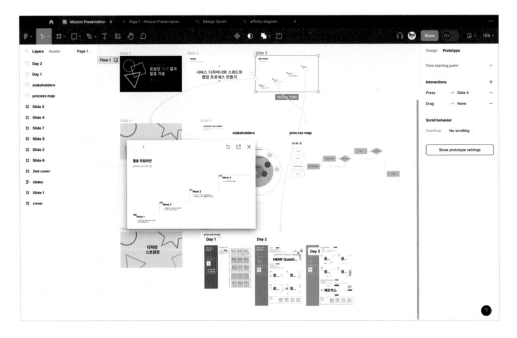

2 [Preview]는 팝업 창으로 인터랙션을 확인할 수 있고, [Presentation view]는 새 탭에서 확인한다.

루나는 유진의 멘토링을 따라 프레임들을 발표 흐름에 맞게 연결했다. 디자인 스프린트 5일째에 사용자 테스트를 할 때, 사용했던 프로토타입이 어떻게 생성된 것인지 루나는 그제야 이해했다. 단단이 작업하던 디자인 파일의 각 요소가 버튼, 카드, 이미지, 텍스트 등 모두 연결되어 있어 실제 작동하는 것처럼 보였던 것이었다.

디자인 작업물의 프로토타입을 보여주는 용도로 사용하는 프레젠테이션 뷰를 발표 자료용으로 사용할 수 있다는 사실에 루나는 놀랐다. 그러고는 곧 응용해서 프레임과 오브젝트를 연결하고 발표의 강조하고 싶은 점들을 시각적으로 보여주도록 인터랙션을 구성했다.

디자인 파일에 프로토타입 연결선들이 점점 더해지더니 어느새 거미줄처럼 빽빽하게 채워졌다. 루나의 발표 자료가 완성된 순간이었다. 유진이 프레임 간 연결을 지켜보다 물었다.

🧑 "루나, 준비됐나요?"

🧑 "네, 유진. 발표 자료 준비 완료됐습니다!"

루나의 최종 발표 자료가 완성되었다는 컨펌이 떨어지자, 케르베로스 스쿼드 멤버들과 루나에게 일제히 초대장이 발송되었다. 유진이 보낸 초대장에는 루나의 온보딩 미션 수행 발표에 대한 개요와 목적이 간략하게 적혀 있었다. 루나와 유진은 온보딩 미션 수행 과정 발표일까지 발표 연습에 집중하기로 했다.

## 🔘 미션 수행 과정을 발표하다

드디어 루나의 온보딩 미션을 발표하는 날. 미션의 성공 여부에 따라서 정직원으로 인정받는 중요한 시간이다. 발표 미팅에는 케르베로스 스쿼드 멤버들이 한 명도 빠지지 않고 참석했다. 진행은 유진이 맡았다.

루나가 받았던 온보딩 미션은 서비스 디자이너와 케르베로스 스쿼드의 협업 프로세스를 만들어 제안하는 것이다. 루나는 오토마타에서 보낸 4주의 기록을 발표하고, 주어진 미션을 어떻게 수행했는지 스쿼드에게 보여주기로 했다.

우선, 루나는 지난 4주간의 업무 내용과 결과물을 타임라인으로 설명했다. 선형(linear) 그래프에 주별로 어떤 활동을 했는지 간결하게 짚어주고, 자세한 활동 내용은 인터랙티브하게 클릭해서 다른 프레임으로 연결하여 STAR 방식으로 소개했다. 왜, 무엇을, 어떻게 했는지 그리고 결과는 어땠는지 구조적으로 스토리텔링 해 스쿼드 멤버 모두 루나의 발표에 빠져들었다.

> 🧑 "루나, 4주간의 여정이 한눈에 보이네요. 정말 잘해주었어요! 1주 차에는 디자인 시스템
> 단단   파일을 실수로 삭제할 정도로 서툴렀는데, 이제는 막힘없이 툴을 사용하네요!"

> 🐱 "긴급한 상황에서도 평정심을 잃지 않는 루나의 태도가 기억에 남아요. 덕분에 유진을 되
> 자바에르곤   찾았어요."

> 🤖 "Yay, 디자인 스프린트 진짜 재미있었어. 루나, let's do it again!"
> 로렐라이

스쿼드 멤버들이 저마다 루나와 협업했던 순간들을 기억하고 긍정적인 피드백을 남겼다. 루나도 발표하면서 자신이 어떤 역할을 했는지, 팀과 함께 작업했던 순간들이 플래시백처럼 기억나는 바람에 여러 감정이 솟아올랐다. 분위기가 고조되었을 때, 유진이 진행을 계속했다.

> 🧑 "루나, 이제 케르베로스 스쿼드와 서비스 디자이너가 함께 일하는 프로세스를 소개해줄
> 유진   래요?"

본격적인 미션 발표 시간이 이어졌다. 루나는 기존의 업무 프로세스 맵을 리뷰하고, 팀의 불편한 점들을 요약해서 설명했다. 디자인 스프린트 2일 차에 불거졌던 각자의 역할과 PRD 관련 코멘트도 잊지 않고 하이라이트 했다. 루나는 3주 차까지 자신이 찾은 점들을 바탕으로, 서비스 디자이너가 스쿼드의 프로세스에 융합되는 지점들을 시각적으로 강조한 워크플로우(workflow)를 제안했다.

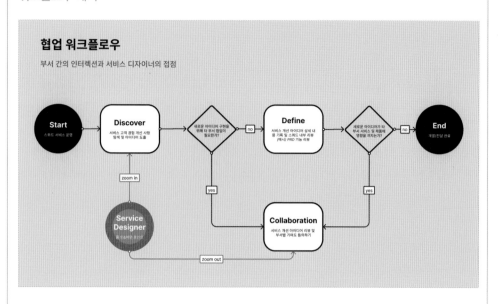

**협업 워크플로우**

부서 간의 인터렉션과 서비스 디자이너의 접점

❶ 케르베로스 스쿼드 업무 프로세스 맵

❷ 타 부서와 접점 표시

❸ 서비스 디자이너 크로스 포인트 강조

> 🙂 "서비스 디자이너로서, 제가 케르베로스 스쿼드와 함께 일하는 방법은 줌인(zoom-in),
> 루나
> 줌아웃(zoom-out)입니다."

루나는 줌아웃해서 위성처럼 외부 팀들과 가벼운 관계를 맺어두었다가, 제품 개발에 문제가 발생했을 때 케르베로스 스쿼드 멤버들과 외부 팀들이 함께 문제를 해결하도록 줌인해서 연결 고리 역할을 하는 콘셉트를 소개했다.

케르베로스 스쿼드와 함께 협업하면서 루나가 새롭게 깨달은 것은, 스쿼드와 외부 팀들 간의 소통이었다. 스쿼드 내부의 업무 내용, 효율 그리고 제품 개발 진행 능력도 중요하지만, 유진이 사라졌을 때 케르베로스 스쿼드뿐만 아니라 다양한 팀이 투입되어서 함께 문제를 해결하는 과정에서 협업의 확장된 가능성이 보였다고 콘셉트를 제안한 이유를 설명했다.

> 😀 "줌 인 앤드 아웃, 멋진 콘셉트네요! 루나가 제안한 프로세스에 대해 질문 있나요?"
> 자비에로

케르베로스 스쿼드 멤버들이 적극적으로 질문했다. 루나도 최선을 다해 콘셉트를 자세히 설명하고 실제 적용 시나리오를 같이 토론했다. 유진이 루나의 정직원 결정 여부는 다음날에 발표하겠다고 안내하자, 케르베로스 스쿼드 멤버들끼리 서로 결연한 눈빛을 주고받았다.

# 2 | 이루나, 미션 성공?

온보딩 미션 발표 다음 날, 루나는 출근하자마자 메일을 확인했다. 오토마타에서 계속 케르베로스 스쿼드와 함께 정직원으로서 일할 수 있을지 없을지, 운명이 결정되는 날이기 때문이다.

> 🧑 "어디 보자, 메일 제목··· 온보딩 미션 결과 발표··· 추가 미팅?"

결과가 메일로 발송될 줄 알았는데, 또 다른 미팅이 일정에 추가되어 있었다. 미팅 초대장을 보낸 사람은 유진이었다. 루나는 긴장과 초조함을 감추지 못한 채 유진과의 미팅 시간을 기다렸다.

## 🔵 오토마타의 요청 사항

유진은 미팅에 들어오자마자 활짝 웃었다. 루나는 유진이 웃는 모습을 처음 보았다. 항상 무표정하던 유진이 활짝 웃는 이유가 궁금해서 입이 간질거리는 루나에게 드디어, 기다리던 소식이 들렸다.

> 🧑 "루나, 오토마타의 정직원이 된 것을 진심으로 축하합니다!"

> 🧑 "꺄! 고맙습니다!"

루나가 지난 4주간 열심히 일한 시간을 모두 보상받는 순간이었다. 처음 경험하는 일도 있고, 어려운 일도 있었지만, 씩씩하게 헤쳐 나와 미션을 성공적으로 수행했다. 기뻐서 자기도 모르게 소리를 지르는 루나를 웃으면서 지켜보던 유진이 말을 덧붙였다.

> 🧑 "루나를 정직원으로 승인하기로 결정하면서, 오토마타 내부에서 특별히 요청한 업무가 있습니다."

> 🧑 "정직원이 되자마자 첫 업무인가요? 네, 맡겨주세요!"

날아갈 듯이 기쁜 마음에 루나는 업무 요청에도 의욕적으로 대답했다.

👧 "지식 나눔과 되돌아보기를 진행해주세요."
유진

## 🔵 다른 스쿼드와 지식 나누기

오토마타 내부적으로도 이례적이었던 신입 서비스 디자이너 채용에 많은 팀이 관심을 가졌던 터라, 루나의 미션 결과를 알고 싶어 했다. 특히, 디자인 스프린트에 테스트 참가자였던 팀들이 앞으로 서로 협업할 방법에 대해서 논의하고 싶다는 의사를 적극적으로 밝혔다. 유진은 멘토로서 루나가 오토마타의 요청 사항을 어떻게 들어줄지 가이드 역할을 해주었다.

다른 팀들의 요청 사항은 루나가 제안했던 줌인 앤드 아웃 콘셉트를 실천하는 절호의 기회였다. 미션 결과를 발표할 때, 다른 팀들과 관계를 구축하고, 케르베로스 스쿼드와 함께 작업하도록 협업의 자리를 마련하는 역할을 하는 서비스 디자이너가 되겠다고 약속했기 때문이다.

👩 "지식 나누기라면, 모든 팀을 한꺼번에 다 만나는 게 좋을까요? 어떤 정보를 나누면 될까
루나    요?"

👧 "좋은 질문이에요. 이제 정직원이 되었으니까, 루나에게도 본격적인 업무 요청이 많아질
유진    거예요. 되도록 미팅 수는 적게, 커뮤니케이션 밀도는 높게 관리하도록 준비합시다."

👩 "효율적인 발표 준비, 저도 찬성이에요! 꽤 많은 팀이 미팅을 요청한 데다가 각자 관심사
루나    가 다양한 편이니까, 제가 작업한 내용을 파악하고 오는 게 좋을 것 같네요. 어제의 발표
       자료를 미리 공유하고, 질문을 코멘트로 남겨두라고 하면 어떨까요?"

👧 "훌륭해요, 루나! 갈수록 멘토링 할 부분이 줄어드네요."
유진

루나가 생각한 슬라이드 없이 발표하는 방법은 최근 여러 테크 기업이 시도하는 추세다. 작업 진행 발표를 위해서 별도의 발표 자료를 만드느라 팀의 시간과 노력이 분산되는 것을 막고자, 기존의 작업 자료를 가지고 효율적으로 지식을 공유하는 방법을 시도하는 것이다. 발표하기 전에 미리 해당 자료를 읽고 미팅에 참석하는 방식으로 미팅의 효율을 높이는 방식도 주목받고 있다.

👧 "그리고 루나가 피그마 디자인 파일로 제작했던 서비스 블루프린트 디자인 파일을 다른
유진    사람들에게 공개해볼래요? 오토마타에서 한 번도 시도한 적 없는 자료 형식이라서, 여러
       팀이 활용해보고 싶다고 요청해서요."

👩 "디자인 파일을 공개적으로 발행할 수도 있나요?"
루나

"그럼요, 피그마 커뮤니티에 발행할 수도 있고, 회사 내부에만 공유할 수도 있습니다."

이제껏 루나가 피그잼과 피그마에서 유용하게 사용했던 템플릿들은 피그마 팀에서 공식적으로 배포한 파일이었지만, 개인이 작업한 파일도 공개 발행할 수 있다. 루나의 서비스 블루프린트가 작업에 유용했다는 긍정적인 피드백이 많아지자, 오토마타의 다른 팀들도 사용해보고 싶다며 유진을 통해 부탁한 것이었다.

피그마는 사용자들이 직접 플러그인과 템플릿을 제작하여 배포하는 커뮤니티가 활발하게 운영 중이다. 커뮤니티에 등록된 대부분의 플러그인이나 템플릿은 무료로 사용 가능하며, 추가 기능을 사용하고 싶을 때 결제하는 인앱(in-app purchase) 방식으로 제공된다. 피그마 커뮤니티가 아닌, 회사 내에서만 사용하고 싶을 때는 마스터 파일을 만들어두고 다른 사람들이 복사해서 사용하는 방법도 있다.

## 템플릿 제작하고 발행하기

1 커뮤니티에 발행하고 싶은 템플릿 작업 파일을 연다.

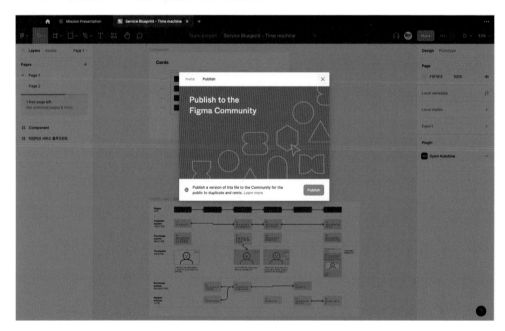

2 상단 메뉴에서 <Share>를 클릭한 후 팝업 창에서 <Publish> 버튼을 클릭한다. 이때 발행할 파일의 이름, 설명, 키워드(최대 12개) 그리고 스크린샷을 추가한다.

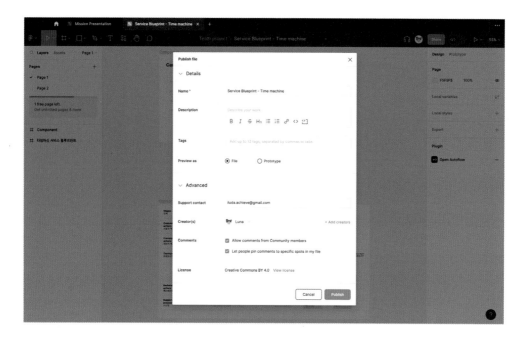

루나는 피그마 사용자들이 커뮤니티를 통해 자신의 디자인 파일을 볼 수 있다고 생각하니, 신기했다. 지금까지 커뮤니티에서 템플릿이나 플러그인을 검색해서 사용하기만 했는데, 언젠가 자신도 창작자가 되어 자료를 배포해봐야겠다고 다짐했다. 유진과 논의한 후에, 루나는 서비스 블루프린트 디자인 파일을 만들고, 오토마타 직원이라면 누구나 링크를 통해 파일에 코멘트를 남기도록 권한을 설정했다.

원본 파일을 수정하는 사람은 루나 한 명으로 설정했다. 내부적으로 파일을 배포한 후에, 사람들의 피드백을 반영하여 업데이트를 지속해서 할 계획이기 때문이었다.

> 🧑 "루나가 오늘 나눠준 파일과 지식 덕분에 오토마타 사람들도 많이 배울 거예요. 고마워요. 내일은 두 번째 요청 사항인 '되돌아보기'를 준비해봅시다."
> 유진

> 🧑 "네! 좋아요. 유진, 오늘도 멘토링 덕분에 효율적으로 하루를 보냈어요. 감사합니다!"
> 루나

---

주의 사항

- **피그마 계정**: 디자인 파일이나 피그잼 템플릿을 발행할 때 '회사 계정(organisation)'인 경우엔 관리자(admin) 계정만 가능하다. 개인 계정은 누구나 발행 가능하다. 회사 계정에서 작업한 파일을 발행하려면, 개인 계정으로 이동한 후에 발행할 수 있다.

- **개인 정보 보호**: 피그마 커뮤니티에 발행된 파일은 모든 사용자에게 개인 정보 또는 중요한 자료가 포함되지 않도록 주의해야 한다.

- **원본 파일 관리**: 발행한 원본 파일을 수정하면, 커뮤니티에 등록된 파일도 자동으로 업데이트된다.

## 되돌아보기, 레트로 시간

오토마타의 정직원이 되었다는 정식 발표 메일이 아침에 도착했다. 루나는 메일을 열자마자 다시 한번 기쁨의 환호성을 질렀다.

🙂 "이루나, 제대로 해냈다! 지난 한 달 동안 고생한 나 자신, 칭찬해!"

스스로 대견해하던 루나는 유진이 말했던 '되돌아보기'에 대해 알아보기로 했다. 회고 또는 리플렉션(reflection)이라고 불리는 과정인데 자신이 경험한 일을 되짚어보고 어떤 점이 잘되었는지, 개선할 점은 무엇인지 다음 기회에 더 나은 경험을 하도록 과거를 소화하는 과정이다. 틈틈이 자기 경험을 되돌아보는 것은 자기 계발에도 긍정적인 영향을 끼친다.

오토마타에서 말하는 되돌아보기는 애자일의 회고(agile retrospective) 과정이다. 프로젝트에 참여한 멤버들이 모두 한자리에 모여 발생했던 문제점과 성과 그리고 더 발전시키고 싶은 것들을 공유하는 시간이다. 빠르고 유연하게 문제에 대처하는 애자일 접근법을 적용하면 프로젝트가 순식간에 끝나서 참여자들이 '되돌아보는' 시간을 충분하게 가지기 어렵다. 따라서 프로젝트팀 전체가 참여하는 회고 또는 레트로 시간을 따로 만들어서 더 나은 다음 단계를 준비하는 것이다.

루나가 회고에 대해 검색하는 동안 유진이 미팅을 시작했다.

🙂 "루나, 케르베로스 스쿼드와 디자인 스프린트 회고를 진행해볼래요?"

🙂 "네! 디자인 스프린트를 진행하면서 개선하고 싶은 부분들이 여기저기 있었는데, 스쿼드 멤버들과 함께 짚어보는 기회가 될 것 같아요!"

🙂 "믿음직스러운데요? 루나, 제가 도울 일이 있을까요?"

🙂 "음⋯ 유진, 보조 퍼실리테이터가 되어줄래요?"

디자인 스프린트와 마찬가지로, 루나는 회고 미팅을 이끌어본 적이 없어 유진이 보조해주면 마음이 편할 것 같았다. 이번엔 사라지지 말라고 농담을 던지는 루나에게, 유진은 안심하라며 회고 미팅 초대장을 스쿼드 멤버들에게 발송했다.

"루나, 내일 회고 미팅에 사용할 워크숍 공간을 만들어볼까요?"

유진이 제안하자마자 루나는 작업하던 피그잼 파일의 링크를 공유했다. 디자인 스프린트 도중에 템플릿을 사용하면서 찾아두었던 레트로 템플릿을 미리 작성해둔 참이었기 때문이다.

**레트로 워크숍 준비**

❶ 새로운 피그잼 파일 생성
❷ 템플릿 레트로 검색
❸ 카테고리를 계속하기(Continue), 시작하기(Start), 멈추기(Stop) 세 가지로 나누어 작성
❹ 회고가 끝난 후 실행할 액션 플랜(action plan) 정리

"루나, 제가 멘토링해드릴 수 있는 분량이 급격히 줄어들고 있어요. 이제 온보딩 멘토가 필요 없을 정도네요!"

"유진이 항상 성장하게 이끌어주잖아요. 늘 감사해요! 정직원이 되었으니까, 더 바빠질 거라고 했지요? 앞으로도 잘 이끌어주세요, 유진!"

루나는 유진의 칭찬에 한껏 응원받고 감사하다는 인사를 잊지 않았다. 유진의 정체가 AI라는 것을 알고 나서도 루나가 유진을 대하는 태도는 변하지 않았다. 자신을 성장하게 이끌어주는 존재에게 순수하게 감사한 마음을 전달하고 싶었다.

# 3 | 케르베로스 스쿼드, 레벨 업!

유진과 루나가 함께 퍼실리테이팅한 레트로 워크숍이 성공적으로 끝난 후 일주일이 지났다. 멘토와 멘티의 호흡을 맞춘 진행이 매끄럽게 이어진 덕분에 케르베로스 스쿼드 멤버들은 준비한 프레임에 맞춰서 디자인 스프린트에 대해 되돌아보았을 뿐만 아니라, 앞으로 어떻게 개선할지 계획을 세웠다.

## 케르베로스 스쿼드의 변화

일주일이 지나고 루나는 계획한 것 중에서 시도해본 것이 있는지, 레트로 후에 어떤 점들이 변했는지 케르베로스 스쿼드 멤버들에게 물어보았다. 그러자 스쿼드에서 주도하는 캐치업 (catch-up) 미팅에 루나를 초대해서 변한 점들을 요약해서 보여주었다.

단단은 핸드 오프 준비 완료된 파일을 별도의 버전으로 기록하는 방법을 소개했다. 디자이너가 작업 중인 컴포넌트를 개발자가 핸드오프 전에 개발했다가, 나중에 해당 컴포넌트를 사용하지 않거나 디자인이 변경되면 팀의 효율이 떨어진다. 단단과 로렐라이 사이의 커뮤니케이션도 중요하지만, 파일을 버전별로 정리하면 서로 언제 개발 작업이 시작되어야 하는지 명확하게 정하기가 쉽다고 결론내렸다.

단단은 피그마 디자인 파일의 페이지 구조와 버전별 네이밍 구조를 어떻게 지정했는지 설명했다.

# 디자인 파일 버전 관리하기

① 새로운 디자인 파일의 버전을 저장한 후 [Name this version]을 클릭한다.

② 버전 히스토리를 열어 버전 이름을 작성한다.

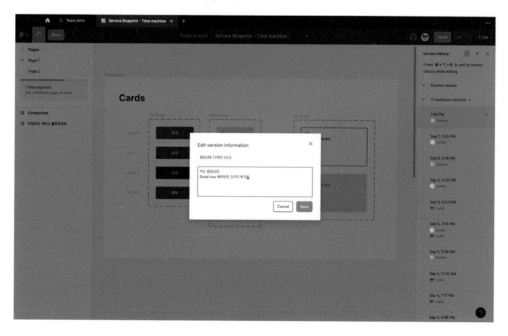

단단과 로렐라이는 서로 코멘트를 통해 디자인 관련 질문을 확인하기로 정했다. 상대방에게 질문할 때는 꼭 이름을 태그해서 새로운 질문이 등록되었다는 것을 알리기로 했다. 그리고 서로 질문과 답변이 모두 확정된 코멘트는 해결(resolved) 상태로 변경하여 작업 파일을 깔끔하게 관리하기 시작했다.

## 코멘트 관리하기

① 새로운 코멘트를 확인한 후 답변한다.

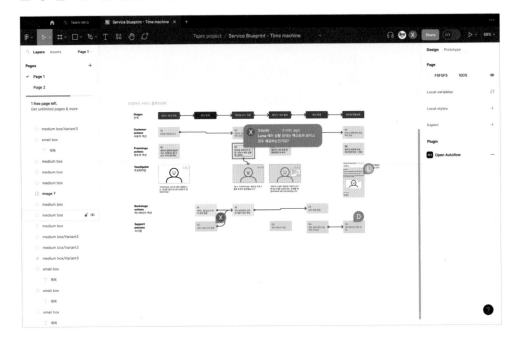

2 이모티콘 또는 간단한 확인 코멘트를 남길 수도 있다.

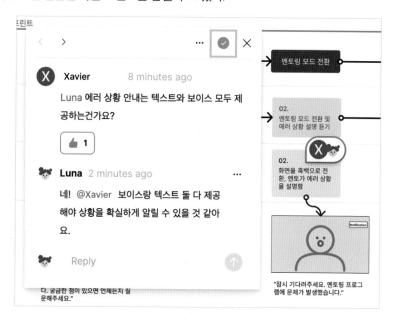

"See? 우린 한다면 한다고, 루나!"

"로렐라이하고 오디오로 실시간 작업할 때도 있어요. 커뮤니케이션이 명확해져서 좋더라고요."

## 스쿼드 멤버들의 업무 상황을 알려주는 '업무 트래커'

자비에르는 멤버들이 어떤 업무를 하는지 알도록 업무 트래커(task tracker) 보드를 만들어서 스쿼드 멤버들과 정기적으로 리뷰하는 계획을 세우고, 실행 중이었다.

프로덕트 런칭 타임라인에 맞게 제품 개발 기간을 조율할 수 있을 뿐만 아니라, 서로의 업무량이나 우선순위를 아는 트래커 덕분에 스쿼드 멤버들 간의 커뮤니케이션 비용을 조절하게 했다.

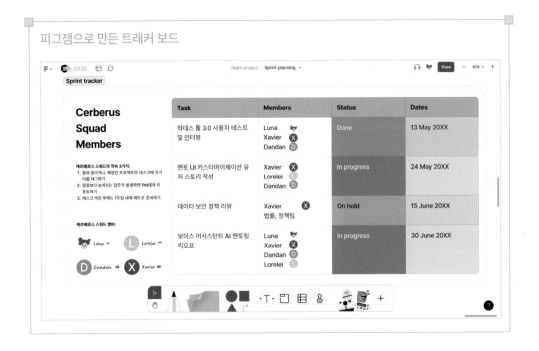

케르베로스 스쿼드 멤버들이 협업 퀄리티를 개선하려고 스스로 정한 정책과 규칙들을 성실하게 지키는 걸 보고 루나는 감탄할 수밖에 없었다. 오토마타에 입사한 첫 주에는 멤버들 간의 불협화음을 발견하고, 어떻게 해결해야 할지 막막했다. 그런데 루나와 함께 프로젝트에 참여하면서 서로의 갈등을 해소했을 뿐만 아니라 자진해서, 개선 방안까지 찾아내는 스쿼드의 성장이 대견했다.

루나가 감탄하는데도 케르베로스 스쿼드는 이상하게 쭈뼛거렸다. 꺼내기 어려운 말이 있는 듯한 표정이었다. 서로 눈치만 보던 세 사람 중에서, 결국 자비에르가 입을 열었다.

🐶 "루나, 유진이 온보딩 멘토로서 지금까지 도와주었는데 갑작스럽겠지만 이제 유진과 멘토링을 하는 시간은 없을 거예요. 루나가 온보딩을 마치고, 성공적으로 정직원이 되어 루나에게 더 이상 온라인 멘토링이 필요하지 않다는 결정이 내려졌어요."
*자비에르*

😺 "네? 이렇게 갑자기요?"
*루나*

🐶 "새로운 베타 테스트 참가자들에게 온라인 멘토링 서비스를 확장하기로 하면서 기존 테스터들과의 접속을 제한하기로 했어요. 원래 유진의 역할은 루나가 온보딩을 무사히 마치도록 돕는 거였으니까, 임무를 완료한 상태거든요."
*자비에르*

예상하지 못했던 작별 소식을 들은 루나는 아쉬운 마음에 아무 말도 하지 못했다. 상실감에 빠진 루나를 위로하려고 케르베로스 멤버들이 서둘러 링크를 공유했다.

"맞아요, 루나! 유진이 남긴 메시지가 있어요."

## 유진, 작별 인사를 남기다

멤버들이 공유한 링크는 유진의 작별 인사가 담긴 영상으로 이어졌다. 멘토가 영상으로 멘티에게 메시지를 전하는 기능은 이전에 케르베로스 스쿼드 멤버들이 작업한 타임머신 기능의 일부였다. 멘토가 멘티에게 보내는 메시지를 영상 형식으로 보내도록 개발한 것인데, 아이디어 창시자인 루나가 가장 첫 사용자가 될 줄은 스쿼드 멤버들도 몰랐다.

---

### 유진의 편지

"루나, 정식으로 작별 인사를 하고 싶었습니다. 온보딩 멘토링 베타 테스트 참가자들을 만날 때마다 스스로 성장할 수 있도록 가이드해주는 역할을 했는데, 루나는 그중에서도 특별한 참가자였어요. 제 정체가 AI라는 것을 밝힌 후에도 변함없이 미션과 성장에 대한 열정을 보여준, 훌륭한 멘티입니다.

저는 코드와 알고리즘으로 생성된 존재이지만, 사람들에게 도움을 주는 존재가 되고 싶었습니다. 사람들은 모두 달라요. 개개인의 장단점을 분석하고, 강점을 키우도록 멘티들의 성장을 활성화하는 게 제 임무였습니다. 멘티와 소통하면서 신뢰가 두터워질수록, 언젠가 제가 AI라고 밝혔을 때, 멘토와 멘티 사이의 신뢰가 깨질까 봐 우려했습니다. 하지만 제가 돌아왔을 때, 루나가 보여준 일관된 태도와 집중력을 보고 제 계산이 잘못되었다는 것을 깨달았습니다.

루나, 눈에 띄게 성장했다고 말했던 것 기억하나요? 제가 분석한 루나의 업무 능력 성장 곡선은 예상치보다 훨씬 높았습니다. 어려운 상황을 팀과 함께 협동해서 헤쳐나가 이렇게 급진적으로 성장한 것 같습니다. 제 계산의 오류는 '협업'을 고려하지 않았다는 것이었습니다. 사람들은 서로 소통하면서 이해하고, 일하는 방식을 개선하며 하나의 팀으로서 성장하더군요. 개인의 성장만을 고려해서 프로그래밍 된 저에게, 루나의 성장 패턴은 큰 발견이었습니다.

제가 분석한 루나의 성장 곡선 예측에 따르면, 멘토링 없이 스스로 지속해서 성장하는 수준에 다다랐습니다. 케르베로스 스쿼드의 팀 퍼포먼스도 이전보다 더 발전하는 결과를 낳았어요. 피그마와 피그잼이라는 툴을 사용해서 팀의 협동을 끌어내고, 주어진 도구를 응용해서 협업 방식을 진화시킨 루나의 역할이 큽니다.

---

협업하려면 팀원 간에 정해야 할 일이 많습니다. 툴, 정책, 규칙, 각자의 역할과 책임 등⋯ 그러나 정의할 수 없는, 팀끼리 의지하고 신뢰하는 무언가가 있더군요. 스쿼드 멤버들의 성장 패턴을 분석하려고 저의 트레이닝 데이터(training data)에 추가했습니다. 루나가 쌓아준 데이터 덕분에 AI도 사람을 돕는 도구로 한 단계 성장할 것 같습니다.

지난번에 제가 갑자기 사라졌을 때 많이 걱정했다고 했는데, 이번에도 또 마음고생하는 건 아니겠죠? 제가 옆에서 도와주지 않아도 충분히 팀과 함께 문제를 해결해 나갈 거예요. 씩씩한 루나와 만나서 기뻤습니다. 기쁘다는 감정을 직접 느낄 수는 없지만, 꼭 고맙다는 인사를 남기고 싶었어요."

## 🌕 1년 후, 유진을 만나다

오토마타의 유일한 서비스 디자이너, 이루나는 갈수록 많아지는 업무로 고생하는 중이다. 입사 1년 차지만, 회사의 성장 속도에 맞춰 여러 가지 일을 도맡아 하다 보니 어느새 서비스 디자인 팀을 만들자는 의견이 내부에서 결정된 참이었다.

> 🧑 "바쁘다 바빠! 신입 서비스 디자이너들을 뽑아달라고 한 지가 언제인데, 아직도 소식이 없네. 일은 많고, 이루나는 한 명이고⋯ 으악!"
> 루나

새로운 메일이 도착했다는 알람 소리가 나자, 루나는 추가 업무 메일인가 싶어서 급히 메일을 확인했다. 하지만 메일은 트레이닝 초대장이었다. 오토마타 최초의 서비스 디자이너인 루나가 서비스 팀을 이끌어나가는 매니저로 성장하려고 필요한 트레이닝 프로그램이 제공된 것이었다. 루나는 메일 내용을 찬찬히 읽다가, 예상외의 이름을 발견했다.

> 🧑 "디자인 매니지먼트 트레이닝 프로그램, 트레이너는⋯ 유진?"
> 루나

작별 인사 영상을 마지막으로 한 번도 못 만났던 멘토와의 재회에 루나는 무척 반가웠다. 온보딩 멘토링 당시, 유진이 행방불명되는 바람에 혼자서 피그마와 고군분투했던 경험을 회상하면서, 프로그램이 시작되는 날을 기다렸다.

며칠 후, 루나는 트레이닝 프로그램 첫날을 맞이했다.

> 👩 "⋯루나, 잘 지냈나요?"
> 유진

> 🧑 "유진! 이번에도 잘 부탁합니다."
> 루나

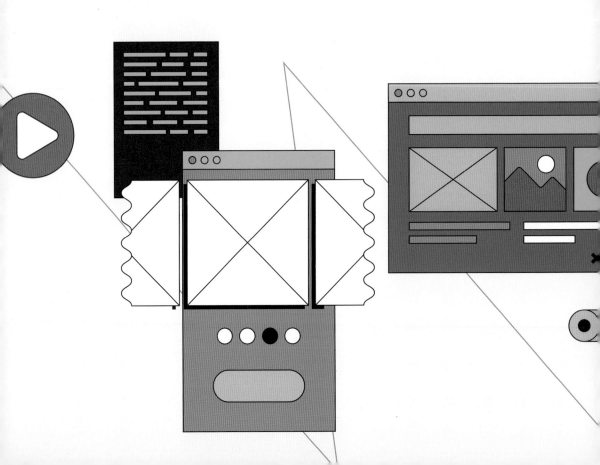

# 🔍 소소한 피그마 팁

**루나가 협업에 도움이 되는 피그마 팁들을 소개한다.**

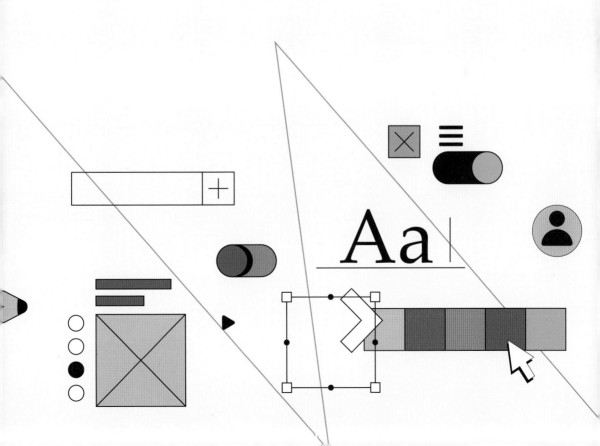

# 루나의 피그마 비밀 노트

새로운 신입 서비스 디자이너들을 맞이하려고 유진과 매니지먼트 트레이닝을 받는 루나. 유진과 함께 신입 디자이너들의 온보딩을 도울 방법을 고민하다가 지금까지 루나가 오토마타에서 일하며 쌓은 피그마 사용 팁들을 모아서 공유하기로 했다.

🙂 "소소하지만, 협업을 도와주는 피그마 팁들을 하나씩 소개해볼까?"
루나

## 1. 섬네일과 커버 이미지 정하기

평소에 팀 단위, 프로젝트 단위 순서로 정보 구조를 따라 파일 관리를 잘하는 게 가장 정석이지만 피그마 디자인 파일들이 점점 쌓이다 보면, 원하는 파일을 한 번에 찾기 어려워진다. 피그마 홈에서 제공하는 검색 기능도 사용하지만, 매번 파일명을 기억하기는 어렵다.

수많은 파일 속에서 내가 원하는 파일을 한눈에 찾으려면, 커버 이미지를 잘 지정해두자. 파일 저장 위치와 이름 구조만큼, 시각적으로도 알아보기 쉬운 섬네일(thumbnail)을 지정해두면 피그마 파일 리스트 중에서 원하는 문서를 신속하게 열 수 있다.

1 다음은 피그마 홈 화면이다.

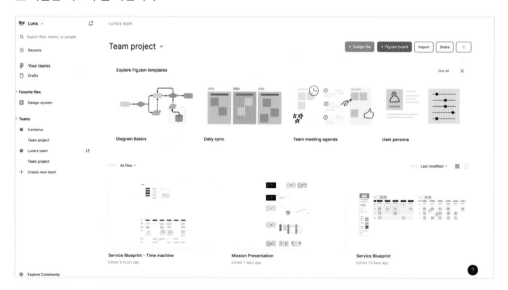

2 피그마 디자인 파일에서 커버 이미지로 사용할 프레임을 선택한 후 마우스 우클릭하여 [Set as thumbnail]을 선택한다.

3 피그마 홈 화면에서 섬네일이 적용된 모습을 확인한다.

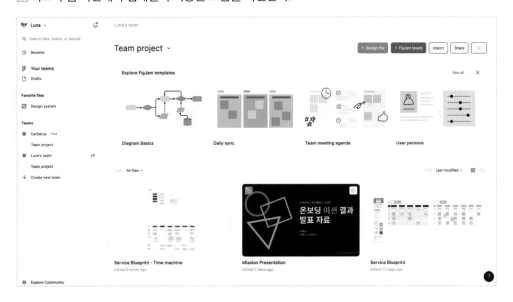

## 2. 다른 사람 커서 숨기기

협업 툴의 대명사답게 피그마 디자인 파일은 한 번에 여러 명이 동시에 수정할 수 있다. 또는, 디자인 스프린트나 워크숍을 진행하느라 사람들이 작업 파일에 모두 접속하기도 한다. 많은 사람이 동일한 시간에 접속해서 작업을 함께한다는 장점이 있는 반면에, 디테일한 작업을 할 때 상대방의 커서가 시야를 가리거나 집중력을 흐리는 상황이 발생할 수도 있다.

다른 사람들과 함께 작업하는 공간이지만, 자신의 작업에만 집중하고 싶다면 상대방의 커서를 숨겨보자.

1 피그마 디자인 파일 또는 피그잼 보드 파일을 연 상태에서 피그마 홈 메뉴를 선택한다. 그리고 [View] 메뉴에서 [Multiplayer cursors]를 선택 해제한다.

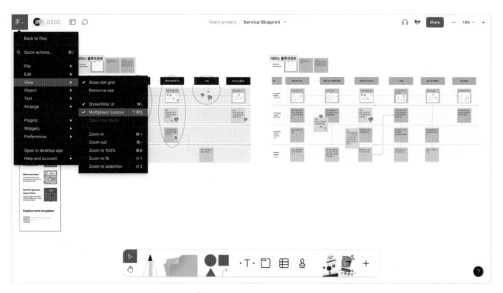

### 3. 보이스 메모 위젯

실시간으로 대화를 주고받으며 협업하도록 도와주는 오디오 기능. 루나와 단단이 사용자 인터뷰 리허설을 사용했던 기능이다. 그런데, 만약 실시간으로 대화를 주고받을 수 없는 상황이 발생한다면 어떨까? 동시간대에 접속할 수 없다면, 피그마 위젯을 사용해서 상대방에게 짧은 보이스 메모를 남겨보자.

1 디자인 파일 상단 메뉴에서 위젯 버튼을 클릭한 후 위젯 탭에서 'voice memo'를 검색한다.

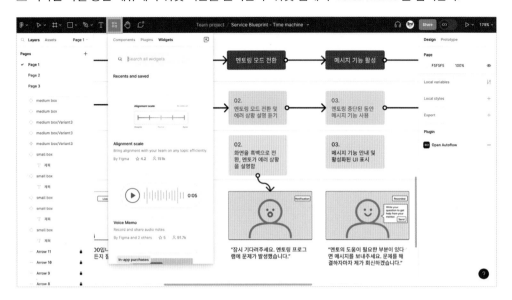

2 위젯을 선택하면 디자인 파일에 아이콘이 추가된다.

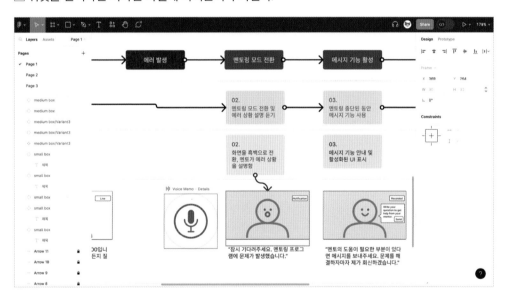

③ 보이스 메모 아이콘을 클릭하면 30초 녹음을 시작하는 버튼이 생성된다.

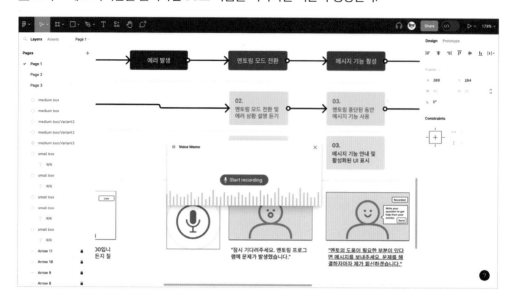

④ <Start recording>과 멈춤 버튼으로 녹음 길이를 조절해본다.

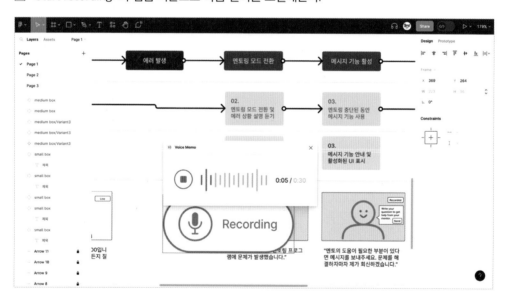

5 녹음이 완료되면 메모의 제목을 입력한다.

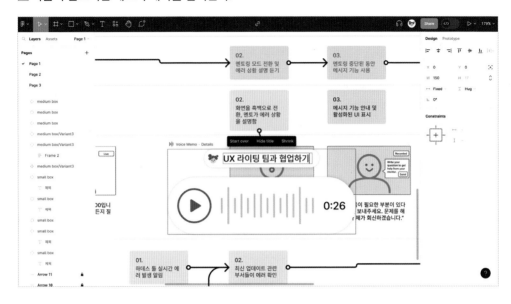

6 보이스 메모 아이콘을 작게 축소하는 Shrink 옵션을 선택한다.

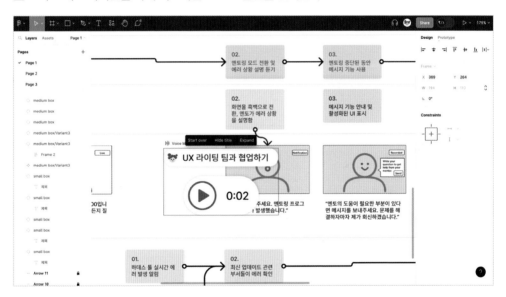

## 4. 레이어 이름 한 번에 수정하기

피그마 디자인 파일의 프레임 이름을 지정해두면, 사람들이 정보를 찾기 쉽다. 프레임별로 주제 또는 목적에 따라 이름 적는 방법을 미리 협업하는 팀원들과 정하는 것을 추천한다. 하지만 프레임을 계속 생성하다 보면, 순서가 바뀌거나 이름 정하는 방법이 변경되어 수정이 불가피하다.

프레임을 하나씩 더블 클릭하여 이름을 바꾸는 방법이 있지만, 한 번에 여러 개의 레이어를 수정하는 기능을 사용해보자.

① 우선, 피그마 디자인 파일에서 이름을 변경할 프레임을 여러 개 선택한다.

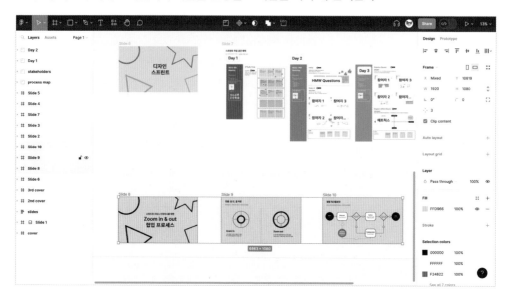

② 좌측 패널에서 선택된 레이어를 확인하고 마우스 우클릭하여 [Rename]을 선택한다.

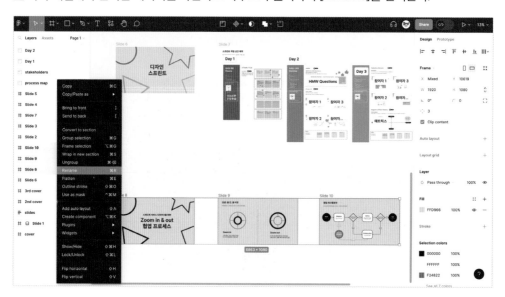

③ 레이어 이름 변경 팝업 창에서 원하는 이름 규칙을 생성한다.

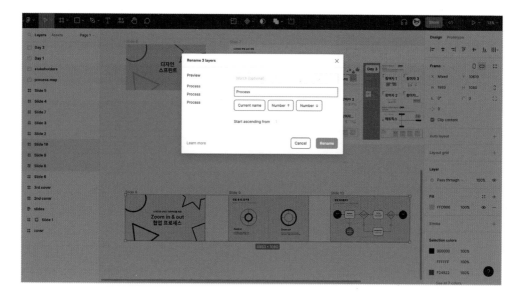

④ 번호는 오름차순과 내림차순 중 선택 가능하다.

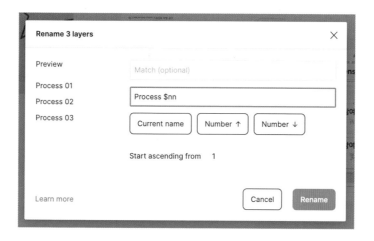

⑤ 새로운 이름 규칙을 생성하면 바로 프레임의 이름에 적용된 것을 확인할 수 있다.

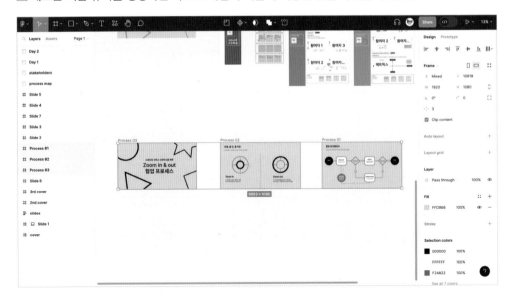

## 🄴 다양한 이미지 형식을 한 번에 내보내기

피그마처럼 캔버스의 크기가 무한하게 늘어나는 툴을 사용하다 보면, 작업 프레임의 크기가
다양해진다. 서비스 블루프린트처럼 커다란 프레임이 필요할 때도 있고 모바일 앱에 적용할
작은 컴포넌트 작업을 하느라 작은 프레임을 사용할 때도 있다.

하나의 디자인 파일 작업 영역에 다양한 이미지 크기가 존재한다면, 결과물을 이미지로 내보
낼 때 형식을 고민하게 된다. 피그마에서 제공하는 파일 형식은 PNG, JPG, SVG, PDF 이렇게
총 네 가지다. 그렇다면 각 프레임을 원하는 파일 형식으로 내보내고 싶다면 어떻게 할까? 파
일 내보내기의 응용 기능을 알아보자.

① 파일로 내보내고 싶은 프레임 또는 디자인 요소를 선택한다.

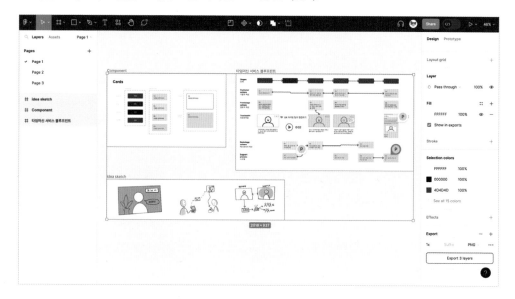

② 우측 패널의 Export 항목에서 원하는 파일 형식을 추가한다.

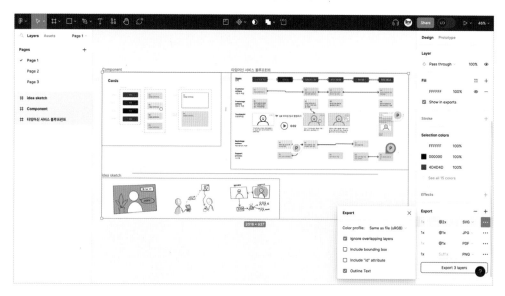

③ 단축키 <Shift> + <Ctrl(command)> + <E>를 누르고, 원하는 파일 형식을 선택한다.

## ⑥ 여러 프레임을 하나의 PDF로 내보내기

피그마 우측 패널의 내보내기 기능을 사용하면, 프레임이 1장씩 PDF로 변환된다. 디자인 작업 파일을 여러 사람이 함께 수정한 후 최종 결과물을 하나의 PDF 문서로 묶어서 보관하려면 어떤 기능을 사용해야 할까? 프레임을 개별적으로 PDF로 변환할 필요 없이, 간단히 문서로 저장하는 [Export frames to PDF] 메뉴를 찾아보자.

① PDF 문서 내보내기 기능을 사용하기 전에 원하는 문서 내용을 모두 프레임으로 정리했는지 확인하자.

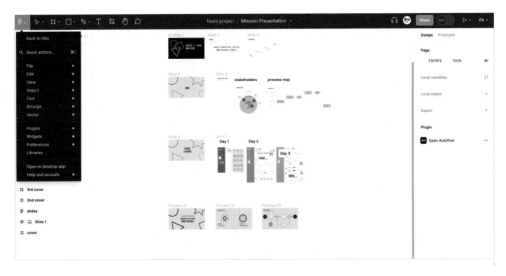

2 홈 메뉴에서 [File] → [Export frames to PDF…]를 선택한다.

## 7. 피그마 작업 파일 저장하기

피그마는 클라우드 기반 툴이라, 로컬 드라이브에 별도로 저장하지 않아도 실시간으로 모든 작업 내용이 업데이트된다. 하지만 개인의 작업 파일이나 보안을 위해 피그마 디자인 파일을 따로 저장하는 경우도 종종 있다. 원본 작업 파일을 로컬 드라이브에 저장하는 방법, 함께 알아보자.

1 홈 메뉴에서 [File] → [Save local copy…]를 선택한다.

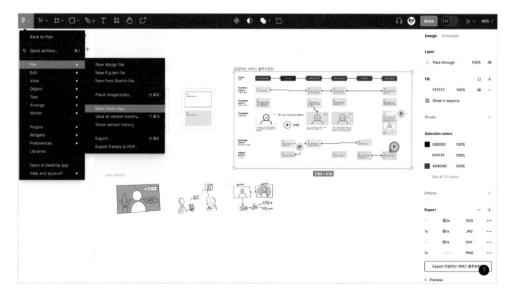

② 원하는 저장 장소를 지정한다.

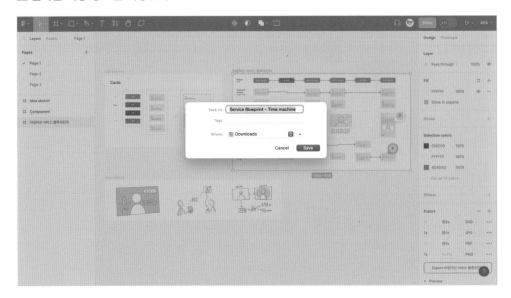

③ 다음과 같이 피그마 파일 형식(.fig)이 다운로드된 것 확인할 수 있다.

## 8. 키보드 단축키 연습하기

메뉴와 기능을 하나씩 숙지할수록 피그마의 작업 속도가 향상될 것이다. 하지만 메뉴, 패널, 설정을 조작할 때 터치 패드와 마우스를 사용하는 것만으로는 부족하다. 단축키를 사용하면 시간을 눈에 띄게 절약할 수 있다.

키보드 단축키가 익숙하지 않은 사용자들을 위해서 피그마는 키보드 조작과 단축키를 안내하는 메뉴를 숨겨놓았다. 피그마 단축키가 손에 익을 때까지 가이드라인을 따라 연습해보자.

1 피그마 디자인 파일에서 홈 메뉴를 클릭한 후 [Preference] → [Keyboard layout…] 순서로 선택한다.

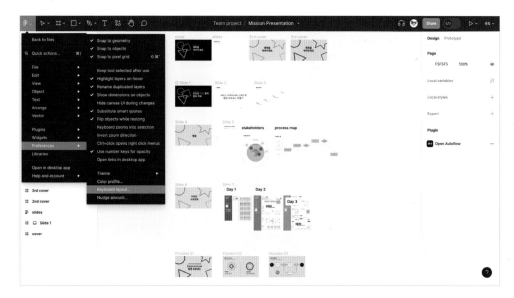

2 사용 중인 키보드 레이아웃과 피그마 레이아웃이 일치하는지 확인 및 선택한다.

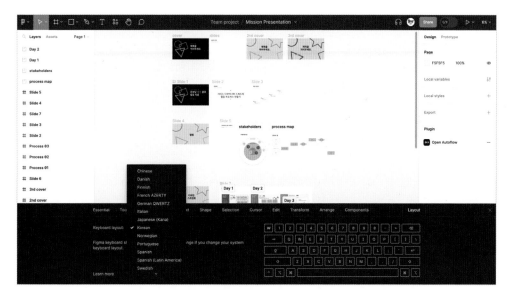

③ 핵심 단축키부터 카테고리별로 어떤 단축키가 있는지 확인해보자.

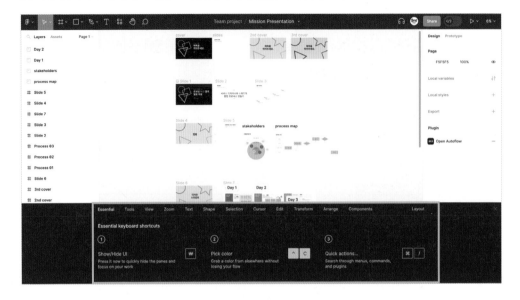

④ 툴 관련 단축키

⑤ 보기 기능 관련 단축키

⑥ 확대 및 축소 보기 관련 단축키

### 7 텍스트 관련 단축키

### 8 도형 관련 단축키

### 9 오브젝트 선택 관련 단축키

### 10 커서 관련 단축키

### 11 편집 관련 단축키

### 12 도형 및 오브젝트 변형 관련 단축키

### ⑬ 배열 및 정리 관련 단축키

### ⑭ 컴포넌트 관련 단축키

## 9. 넛지 픽셀 수정하기

오브젝트를 옮길 때 키보드를 사용해서 미세하게 이동시켜본 적이 누구나 한 번쯤 있을 것이다. 마우스로 대략적인 위치를 잡고, 주변 오브젝트와 배열을 고려하면서 섬세하게 픽셀 단위로 이동시킬 때는 마우스보다 키보드가 편하기 때문이다. 피그마에서도 키보드 방향키로 스몰 넛지(small nudge), 빅 넛지(big nudge)를 기본적으로 사용할 수 있다.

피그마에서 스몰 넛지는 방향키를 한 번 누를 때마다 선택한 오브젝트를 1픽셀씩 이동시킨다. 그리고 <Shift> 키와 방향키로 조작하는 빅 넛지는 10픽셀 단위로 이동시킨다. 하지만 많은 디자이너가 오브젝트 사이의 간격을 8px 그리고 4px로 관리하는 것을 선호하는 편이다.

디자인 선호에 맞게 넛지 간격을 바꾸고 싶다면? 피그마 디자인 파일 세팅에서 변경해보자.

1 홈 메뉴에서 [Preferences] → [Nudge amount…]를 선택한다.

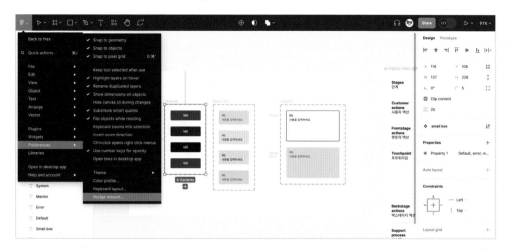

2 팝업 창에 원하는 넛지 간격을 입력한다.

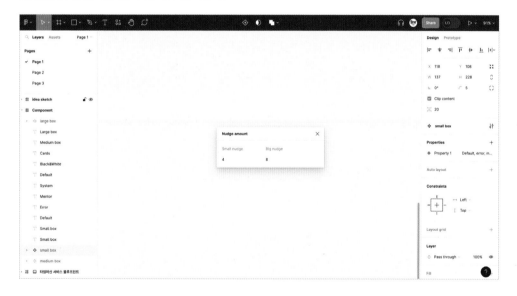

## 10. 피그마 디자인 파일에서 포스트잇 사용하기

포스트잇은 협업 공간에 사용하기 유용한 메모 도구다. 피그잼에서는 포스트잇을 도형처럼 추가할 수 있을 뿐만 아니라 색상을 변경하거나 작성자 이름을 표기하여 다양하게 활용할 수 있다. 그런데 피그마 디자인 파일에는 별도의 포스트잇 기능이 없다. 코멘트 기능과 보이스 메모 사용만으로도 충분히 커뮤니케이션할 수 있으면 좋겠지만, 여러 명의 의견이 필요하거나 중장기적인 피드백을 메모하고 싶을 때는 포스트잇처럼 기록하는 기능이 있어야 편하다.

피그마 디자인 파일에서 포스트잇을 사용하는 방법을 알아보자. 첫 번째 방법은 위젯과 플러그인을 사용하는 방법이다.

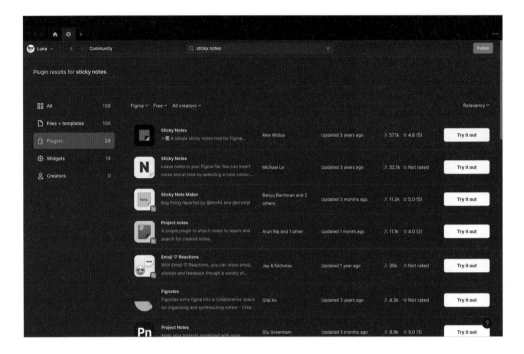

두 번째 방법은 팀의 소통에 최적화된 포스트잇을 직접 디자인해서 사용하는 방법이다. 이 방법은 포스트잇 컴포넌트를 직접 만들어야 한다는 점이 번거롭지만, 포스트잇에 들어가야 할 정보를 자유롭게 지정하고 포맷의 규칙을 정해서 팀과 소통한다는 장점이 있다.

포스트잇을 직접 디자인할 때 크게 네 가지 부분으로 나눌 수 있다.

1. 포스트잇에 들어갈 에셋 만들기

2. 포스트잇 구조 만들기

3. 에셋 발행하기

4. 피그마 또는 피그잼 파일에서 발행한 포스트잇 사용하기

## 포스트잇에 들어갈 에셋 만들기: 색상 지정

① 피그마 상단 메뉴의 프레임 버튼을 클릭하여 새 프레임을 생성한다.

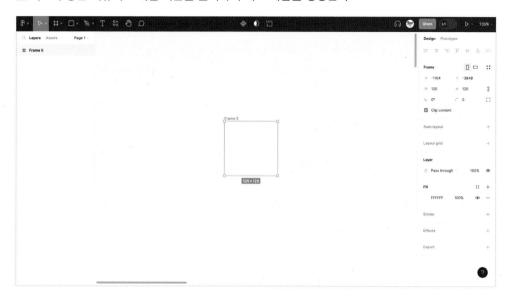

② 우측 패널의 Fill 항목에서 원하는 포스트잇 색상을 선택한다.

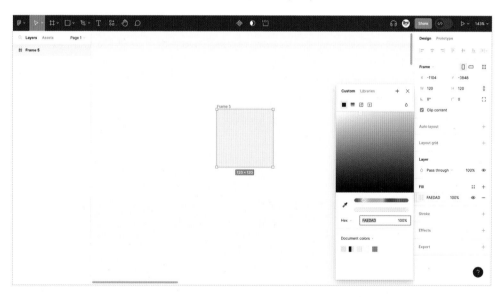

③ Fill 항목의 <Libraries> 버튼을 클릭한다.

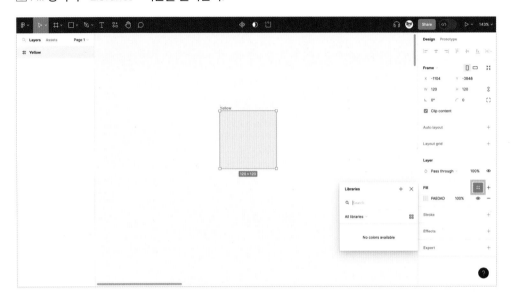

④ [Style] 탭에서 이름과 설명을 추가한다.

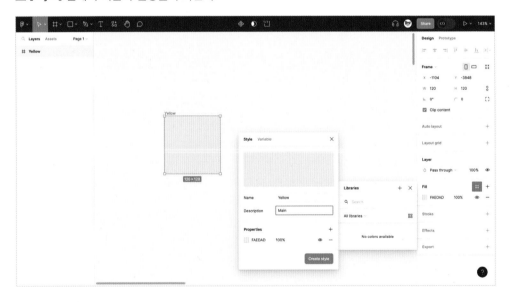

5 같은 순서를 반복하여 포스트잇의 색상을 다양하게 지정한다.

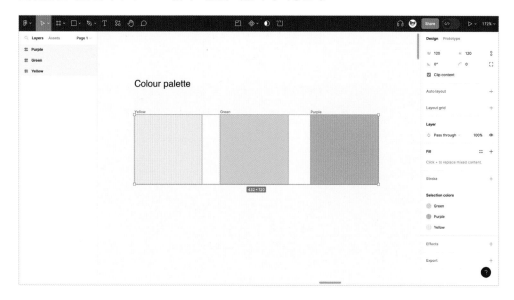

6 섹션을 추가하여 지정한 색상 프레임을 묶을 수도 있다.

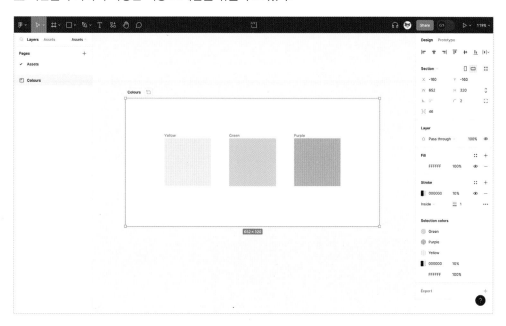

## 포스트잇에 들어갈 에셋 만들기: 상태 버튼

이번에는 포스트잇의 상태를 표시해줄 New, Done 이렇게 두 가지 버튼을 만들어보자.

① 우선, 상태를 설명하는 텍스트를 추가한다.

② 마우스 우클릭 후 [Group selection]을 선택하여 텍스트를 그루핑한다.

3 Auto layout을 선택한다.

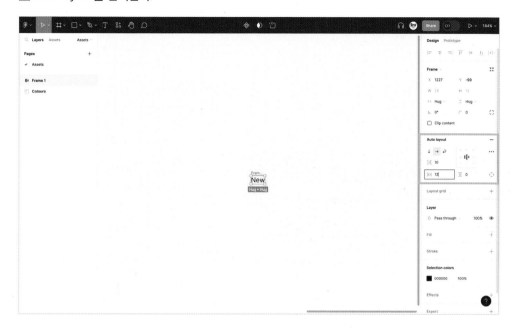

4 텍스트 주변 여백을 지정한다.

⑤ 포스트잇 상태에 맞게 버튼의 색상을 지정한 후 Fill 항목을 조정한다.

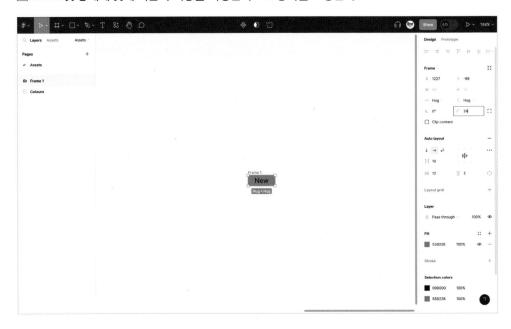

⑥ 버튼 테두리 색상을 변경한 후 Stroke 항목을 조정한다.

7 버튼 컴포넌트를 생성한다.

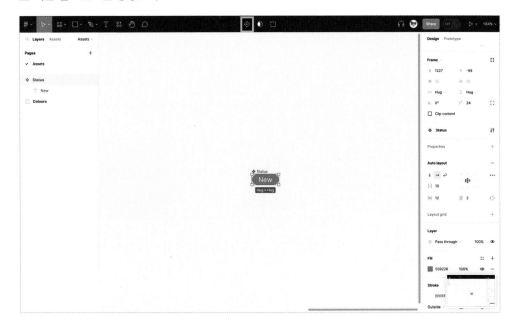

8 Current variant 항목에서 프로퍼티의 이름을 추가한다.

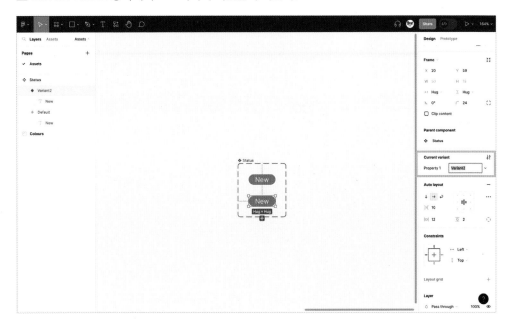

9 버튼 배리언트로 'Done' 상태를 추가한다.

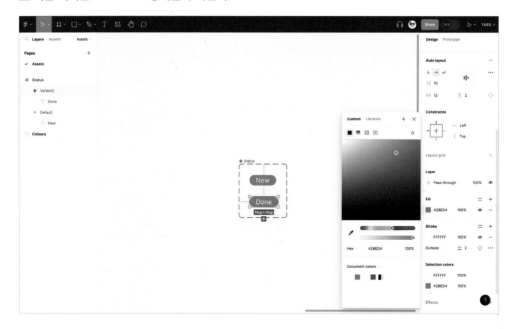

## 포스트잇에 들어갈 에셋 만들기: 아이콘

이제 포스트잇의 담당 멤버 및 소속 팀을 알려주는 Engineer, Designer, PM 아이콘을 추가해보자.

1 아이콘을 만들 프레임을 추가한다.

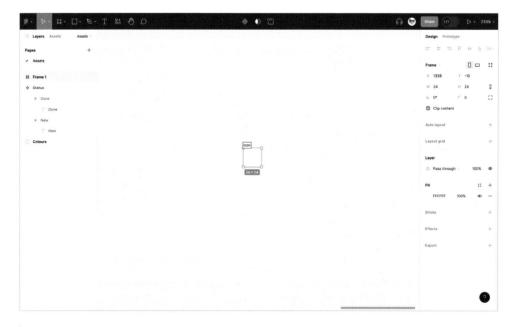

2 아이콘으로 사용할 이미지 3개를 불러온다.

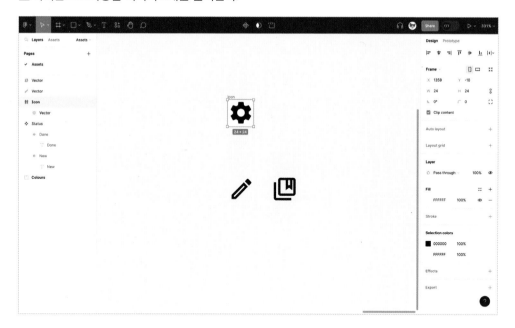

3 아이콘 프레임에 이미지 1개를 삽입한 후 컴포넌트를 생성한다.

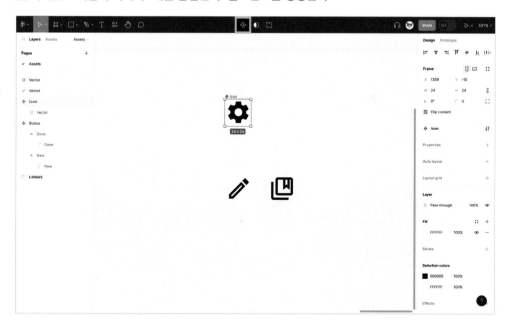

④ 컴포넌트 배리언트를 생성한다.

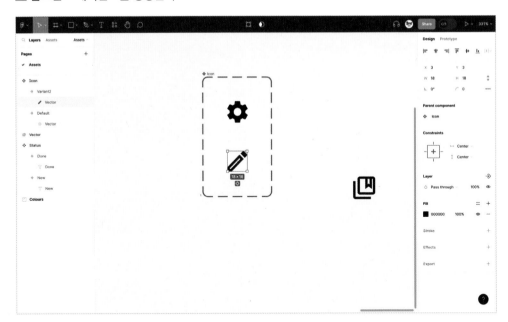

⑤ 생성한 3개 요소 모두 Current variant 항목에서 프로퍼티의 이름을 추가한다.

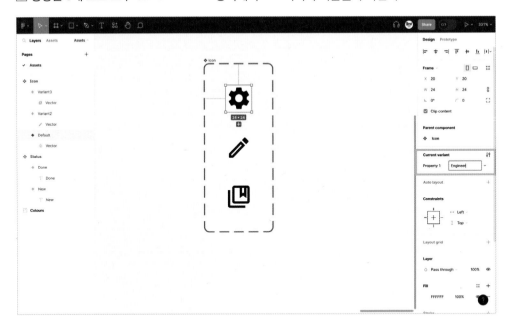

6 포스트잇에 필요한 에셋 컴포넌트와 배리언트가 완성된 모습이다.

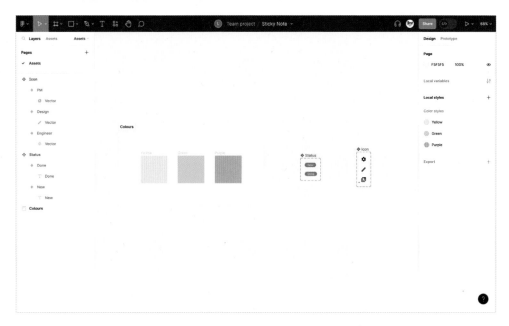

## 포스트잇 구조 만들기

상태 버튼과 아이콘 에셋을 추가해보았으니, 이제 이를 활용하여 포스트잇의 구조를 세우고 정비하는 방법을 살펴보도록 하자.

1 좌측 패널에서 페이지를 추가하고 페이지 이름을 'Sticky note'로 변경한다.

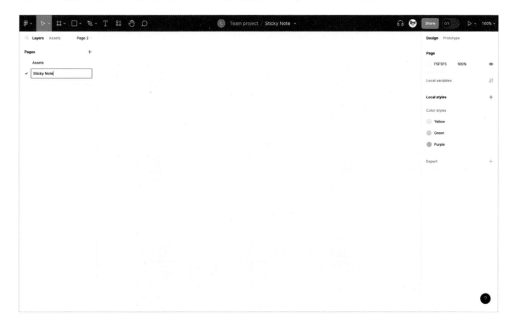

② 좌측 패널에서 [Assets] 탭을 선택하고 이전에 만든 에셋이 추가되었는지 확인한다.

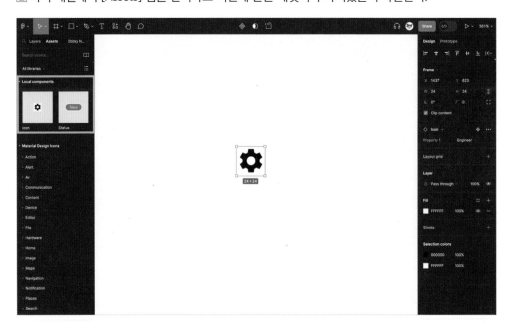

③ 아이콘 에셋을 좌측 패널에서 드래그한 후 제목 텍스트를 추가한다.

4 Auto layout 항목에서 간격을 조정한다.

5 텍스트 박스를 추가하여 포스트잇의 내용 부분을 만든다.

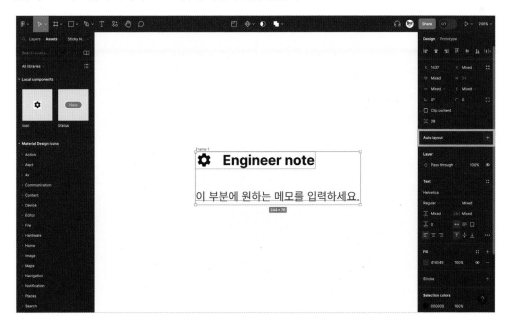

6 Auto layout 항목에서 요소들을 재정렬한다.

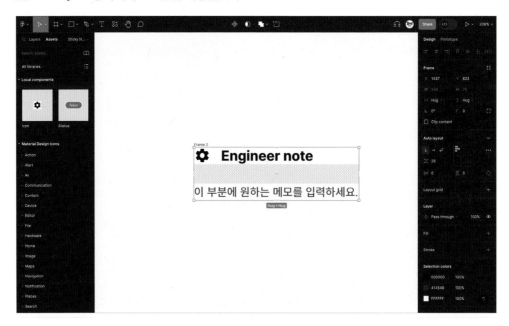

7 포스트잇의 작성자 이름으로 된 텍스트 열을 추가한다.

8 좌측 패널에서 상태 버튼 컴포넌트를 드래그한다.

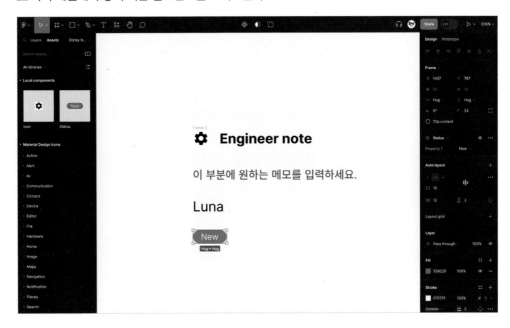

9 각 텍스트 박스의 설정을 변경하여 컴포넌트 크기에 맞게 줄 바꿈이 되도록 한다.

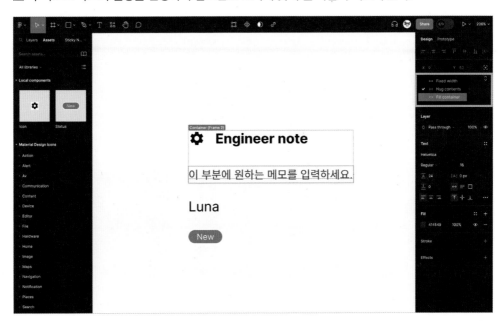

10 포스트잇 구조에 들어갈 모든 요소를 선택한다.

11 우측 패널의 Fill 항목에서 라이브러리에서 지정한 포스트잇 색상을 선택한다.

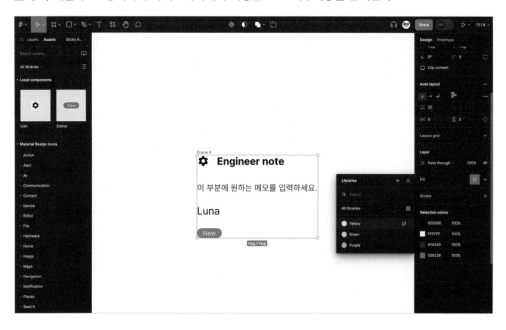

⑫ Auto layout 항목에서 상하좌우 여백을 지정한다.

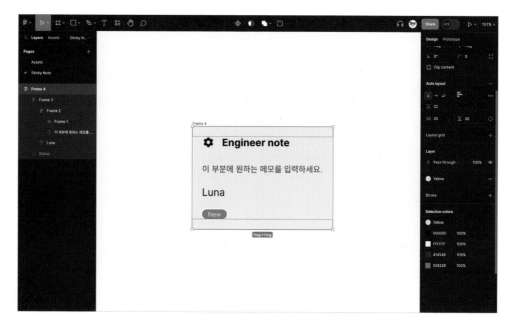

⑬ 포스트잇 컴포넌트를 생성한다.

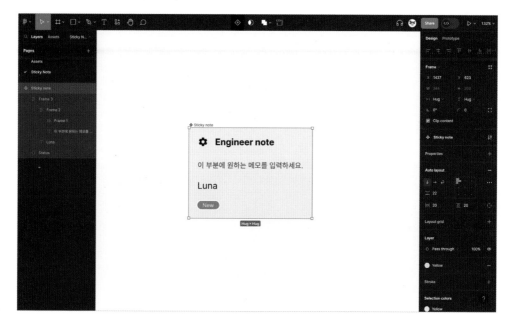

14 피그마 홈 메뉴에서 [Edit] → [Duplicate]를 선택하여 포스트잇 컴포넌트 배리언트를 생성한다.

15 각 팀 및 멤버를 구별할 수 있도록 우측 패널에서 아이콘을 변경한다.

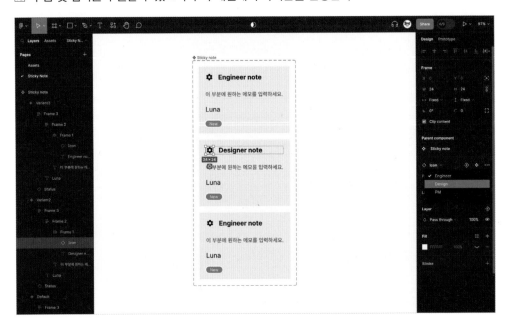

16 우측 패널의 Libraries 항목에서 포스트잇의 색상을 변경한다.

17 나머지 포스트잇도 색상 및 아이콘을 적절하게 변경한다.

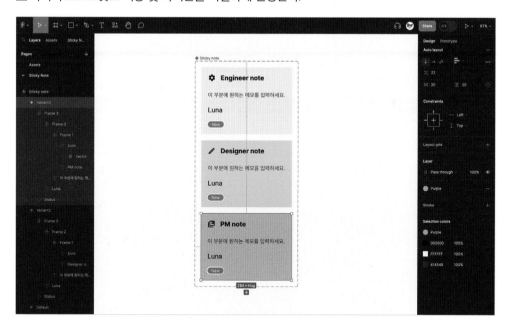

⌐18⌐ 각 포스트잇의 Current variant 항목에서 프로퍼티의 이름을 Engineer, Designer, PM으로 지정한다.

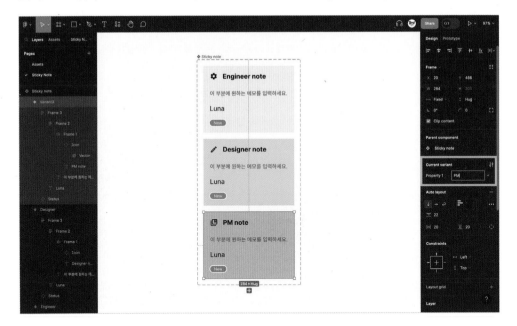

## 에셋 발행하기

이제 에셋을 발행해보도록 하겠다.

⌐1⌐ 좌측 패널에서 [Assets] 탭을 확인한다.

② 책 모양의 팀 라이브러리 아이콘을 클릭한 후 \<Publish…\> 버튼을 선택한다.

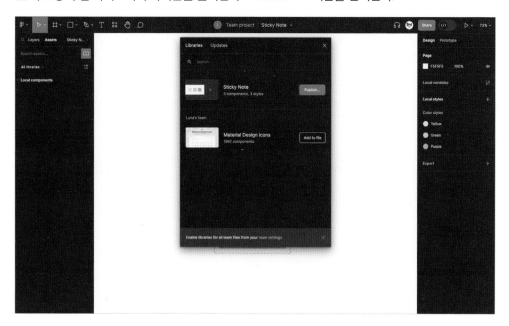

③ 발행된 에셋 종류를 확인한 후 \<Publish\> 버튼을 클릭한다.

④ 파일 하단에 발행 중이라는 상태가 표시된다.

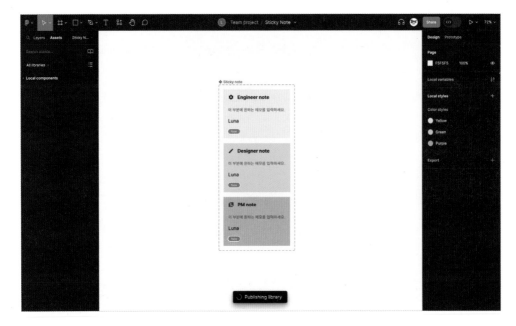

⑤ 다음은 에셋 발행이 완료된 화면이다.

## 발행한 포스트잇 사용하기

발행한 포스트잇은 피그마 또는 피그잼 파일에서 다음과 같이 활용할 수 있다.

① 피그마 디자인 파일 또는 피그잼 파일을 연다.

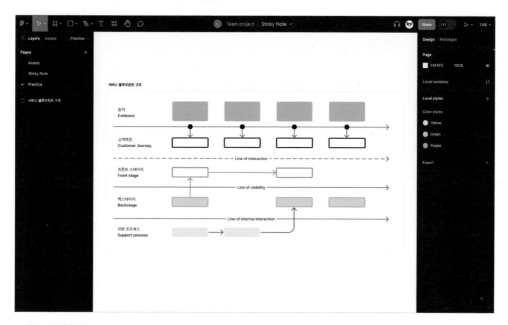

② 좌측 패널의 [Assets] 탭에서 발행된 컴포넌트를 확인한다.

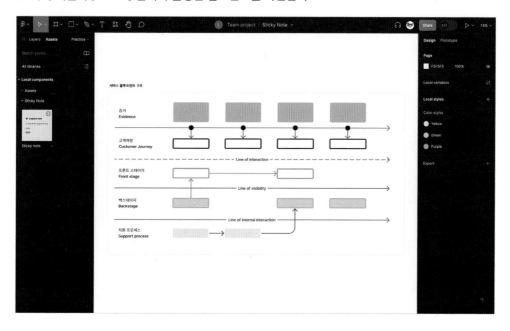

③ 선택한 에셋을 드래그하여 작업 공간에 내려놓는다.

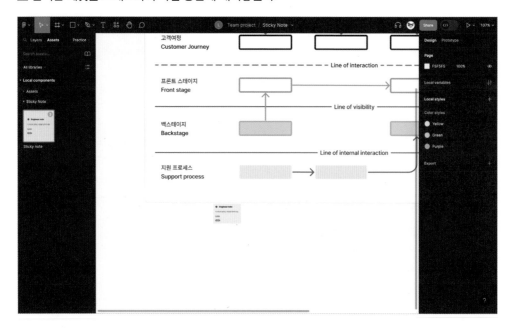

④ 가져온 포스트잇의 메모를 변경한다.

5 우측 패널에서 아이콘과 색상을 변경한다.

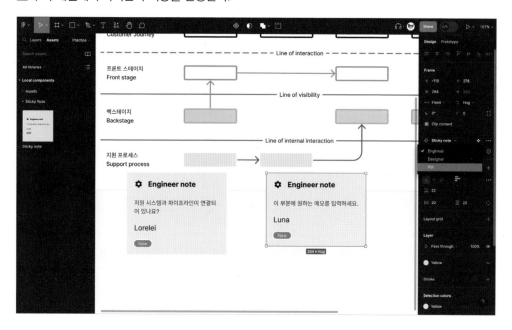

6 다음은 종류가 다른 포스트잇이 추가된 모습이다.

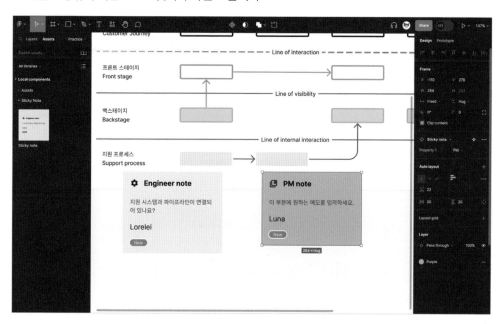

7 우측 패널의 Status 항목에서 원하는 상태를 선택한다.

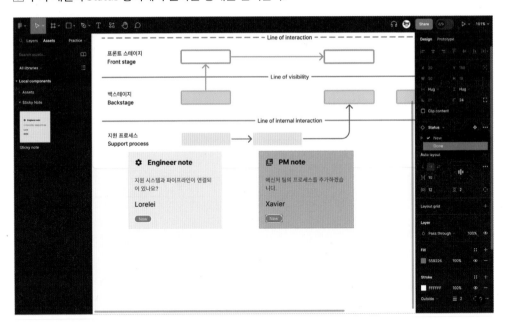

8 다음은 포스트잇을 활용한 결과 모습이다.

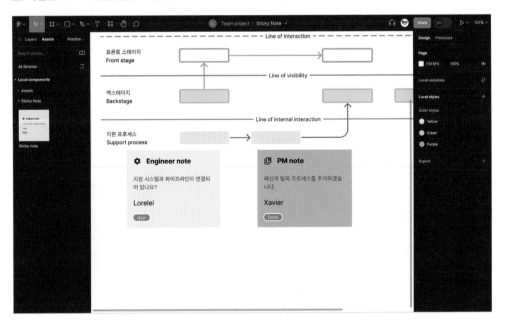

# 🔟 커스텀 스티커 만들기

피그잼 작업 공간을 꾸밀 때 스티커를 자주 사용한다. 피그마에서 제공하는 예쁘고 귀여운 스 스티커가 많긴 하지만, 원하는 스타일이 없어서 아쉬울 때도 종종 있다. 미리 제공하는 스티 커 대신, 컴포넌트와 라이브러리를 사용해서 세상에 하나밖에 없는 나만의 스티커를 만들어 보는 건 어떨까?

스티커를 사용해서 함께 협업하는 팀의 개성을 나타내는 디자인을 만들어보기도 하고, 협업 공간에서 자주 사용하는 스티커 종류를 따로 정리해보는 것도 독특한 피그잼 작업 공간을 꾸 미는 방법이다.

커스텀 스티커는 기본적으로 팀 라이브러리, 에셋 발행 그리고 피그잼 스티커 메뉴를 사용한 다. 한 가지씩 차례대로 준비해보자.

## 스티커용 이미지를 에셋으로 발행하기

① 스티커로 발행하고 싶은 이미지를 준비한다.

2 준비한 이미지를 하나씩 컴포넌트로 추가한다.

3 [Assets] 탭에서 추가된 컴포넌트를 확인한다.

4 [Assets] 탭에서 팀 라이브러리 버튼을 클릭한 후 <Publish···>를 클릭한다.

5 추가될 컴포넌트 이미지를 확인한 후 <Publish>를 클릭한다.

6 에셋 발행 확인 메시지가 나타난다.

## 피그잼 파일로 스티커 에셋 불러오기

에셋으로 발행한 스티커를 어떻게 활용할 수 있을까? 피그잼 보드에 직접 사용해보자.

1 우선, 기존 또는 새로운 피그잼 파일을 연다.

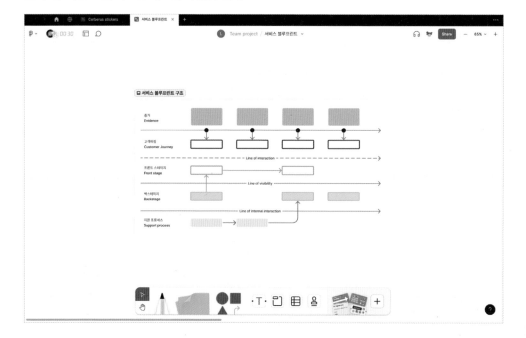

② 툴바의 스티커 메뉴를 선택한 후 <+ Add your own>을 클릭한다.

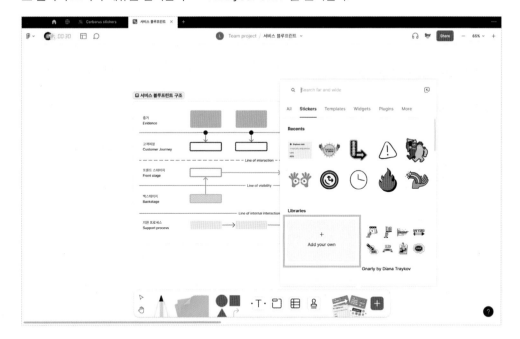

③ 추가하고 싶은 컴포넌트를 선택한 후 <Add to file>을 클릭한다.

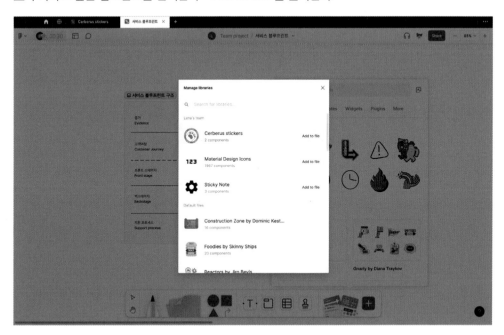

④ 추가된 컴포넌트를 스티커 목록에서 선택한다.

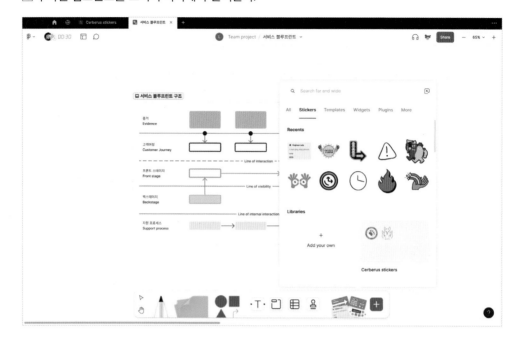

⑤ 추가된 컴포넌트 중 스티커로 붙이고 싶은 이미지를 선택한다.

6 피그잼 작업 공간에 선택한 스티커를 붙여보자.

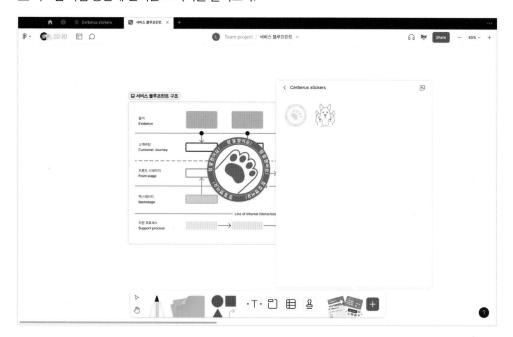

7 다음은 스티커 컴포넌트를 피그잼 보드에 붙인 모습이다.

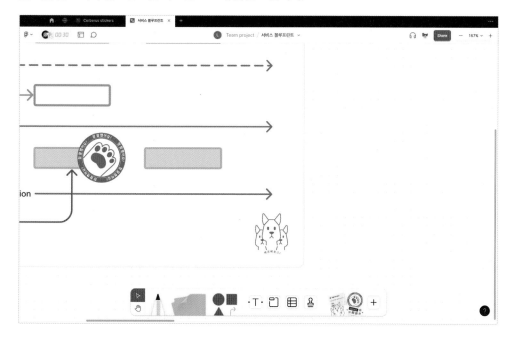

# 찾아보기

# 현장 밀착, 피그마로 협업하기

개발자, 디자이너, PM을 위한 프로젝트 합작 노하우

| | |
|---|---|
| **출간일** | 2024년 01월 17일 \| 1판 1쇄 |

| | |
|---|---|
| **지은이** | 루미블루 |
| **펴낸이** | 김범준 |
| **기획·책임편집** | 최규리 |
| **교정교열** | 이혜원 |
| **편집디자인** | 나은경 |
| **표지디자인** | 이수경 |

| | |
|---|---|
| **발행처** | (주)비제이퍼블릭 |
| **출판신고** | 2009년 05월 01일 제300-2009-38호 |
| **주 소** | 서울시 중구 청계천로 100 시그니쳐타워 서관 9층 949호 |
| **주문/문의** | 02-739-0739 　　**팩스** 02-6442-0739 |
| **홈페이지** | http://bjpublic.co.kr 　　**이메일** bjpublic@bjpublic.co.kr |

**가 격** 24,000원
**ISBN** 979-11-6592-263-4 (93000)
한국어판 © 2024 (주)비제이퍼블릭